中华经典悦读丛书

王月清　暴庆刚　吴颖文　主编

兼爱天下：
悦读《墨子》

陈　林　著

江苏人民出版社

图书在版编目(CIP)数据

兼爱天下:悦读《墨子》/王月清等主编;陈林著.
-- 南京:江苏人民出版社,2016.12
 ISBN 978-7-214-20036-5

Ⅰ.①兼… Ⅱ.①王… ②陈… Ⅲ.①墨家 ②《墨子》—通俗读物 Ⅳ.①B224-49

中国版本图书馆 CIP 数据核字(2017)第 001623 号

书　　名	兼爱天下:悦读《墨子》
著　　者	陈　林
责任编辑	汪意云
责任校对	王翔宇
责任监制	王列丹
装帧设计	徐立权
出版发行	江苏人民出版社
出版社地址	南京市湖南路 1 号 A 楼,邮编:210009
出版社网址	http://www.jspph.com
照　　排	江苏凤凰制版有限公司
印　　刷	南通印刷总厂有限公司
开　　本	652 毫米×960 毫米　1/16
印　　张	14
字　　数	160 千字
版　　次	2018 年 7 月第 1 版　2018 年 7 月第 1 次印刷
书　　号	ISBN 978-7-214-20036-5
定　　价	40.00 元

(江苏人民出版社图书凡印装错误可向承印厂调换)

"中华经典悦读丛书"序

这是一套献给社会公众、海外读者,也是献给青少年朋友的关于中国古代哲学经典的丛书。

博大久远的中国,多元一体的中华民族共同体,在过往的5000余年历史长河中,创造了缤纷灿烂的中华文明;饱经沧桑的中国,遍受误解的中华文明,在20世纪和21世纪之交,创造了影响世界的中国速度、中国奇迹。与此同时,中国的经验、中国的道路、中国的制度,也备受关注。

一个国家、一个民族,所有前行力量的来源,离不开对自身文明传统的再发现和再认识。支撑中国道路选择的、影响中国人的精神世界的,决定中国人的思维方式、价值观念、审美情怀、平凡生活的,是中国古典知识系统中的思想和理念,而承袭和表达中国古代思想理念的,是我们必须尊敬和了解的中国古代哲学经典。

所谓经典,是先哲创造的,给出一个国家、一个民族生存和生活方向的思想智慧、时代精神的精华,它系统演绎一个国家、一个民族的生存样态、制度安排、价值选择、日常规范、生活程序、情感气质、文化创造。对于当下的人群而言,则呈现为"当代记述较多而常要翻阅"(章太炎语)的一些古代思想和文化著作。

所谓经典,它承载着先哲清澈的智慧、广博的经验,并经历了历史的洗炼和时间的考验,对当下和未来有广泛的阐释理解和指导意义,同时也为人类文明多样性和人类思想文化遗产提供典范。

中国哲学经典,是影响中华文明进程的各种思想形态的结晶,是人类文明天空中不灭的星辰,是中华文明弦歌不辍的主旋,也是中国先贤圣哲在颠沛造次、兴灭继绝的历史进程中的时代担当和心灵自传。

有鉴于此,我们将2014年出版的《中国古代哲学经典》进行了扩充,仍然以中国古代哲学经典为基点,以中国古代哲学思想历程为纵向线索,以中国古代哲学经典的作者行谊、主要关切、主体内容、历史贡献、文化影响、当代价值等为横向线索,将《中国古代哲学经典》中对中国文化和历史产生深远影响的每部经典的概括性介绍扩展为更为详细具体和充分的著作,以便读者能够进行更为全面和深入的了解。

需要说明的的是,我们选取的这些著作远不是中国古代哲学经典的全部,也不一定达到中国古代哲学经典的代表性,只是猜想这些作品能够以点带面,以作品和作者为中心,折射中国古代哲学和中国文化精神的整体风貌。尤其是《颜氏家训》,虽不一定达到"哲学经典"的严格要求,但我们还是从中国家庭观念、血缘亲情这个角度，介绍这部影响中国家庭生活哲学的作品。

在全球化的时代，当我们被物质主义、消费主义、感官文化、同质化平面化的生活裹挟时，东方中国先哲对于世道人心的关切，对于人间温情的呼唤，对于平治天下的预设，对于民胞物与的愿景，或许是解救现代社会和人生种种问题和焦虑的精神资粮和"支援意识"。同时，现今又是各种信息大量充斥、知识碎片化、阅读碎片化的时代，快节奏高效率已成为生活的常态，人们疲惫的心灵渴望得到先贤智慧的浸润而又力不从心，甚至浮躁的心灵瞥见那些充满智慧但却生涩的文字即会望而生畏。繁忙的生活、紧张的节奏、沉重的压力、快餐式的知识浏览，已经使人们的心灵与经典的距离渐行渐远。

以此之故，我们结合现代人的实际，试图倡导一种经典的"悦读"方式。所谓"悦读"，旨在通过轻松的阅读使读者在不知不觉中亲近经典，在润物无声的快乐享受中了解经典的内容，进而领会和体验经典的博大智慧。所以呈现在读者面前的这套丛书，力求避免过于学术化的艰涩表述，尽量通过通俗易懂浅显活泼的语言和表述方式轻松传达经典的思想和精神，真正做到读中有"悦"，因"悦"而读。

古老的中华文化在历尽沧桑之后又迎来复兴的春天，在价值与文化多元并存的今天，古老的中华文化也再次为世界所瞩目，当我们希冀中华文明继续贡献于人类社会，并寻求与全球文化平等对话和交流交融时,中国《周易》"变"的思维、《论语》的"仁者爱人"、《老子》的"道法自然"、《孙子兵法》的"知己知彼"、《墨子》的"兼相爱交相利"如此等等,足可以让我们抖擞文化自觉和自信,足可以让我们成为人类文明的传灯者,足可以让中国哲学经典的烛光回向这个繁华与迷乱的世界。

王月清　暴庆刚

目录
CONTENTS

- 引 子 ·· 1

- 一 墨子其人与墨家组织 ·························· 1
  - (一) 生平之谜 ······································ 2
    1. 谜之一:《史记》失载 ······················ 2
    2. 谜之二:墨翟、翟乌还是貊狄? ········ 6
    3. 谜之三:墨子的生卒年月 ················ 8
    4. 谜之四:中国人还是印度人,抑或是阿拉伯人? ········· 11
    5. 谜之五:商族后裔还是神鸟造物? ········· 15
  - (二) 平民圣人 ······································ 18

- 1. "役夫之道" ·················· 18
- 2. 义以救世 ·················· 21
- (三) 儒门"叛徒" ·················· 34
  - 1. 受业于儒 ·················· 34
  - 2. 叛出儒门 ·················· 37
- (四) 墨家组织 ·················· 42
  - 1. 巨子为首 ·················· 42
  - 2. 墨者之法 ·················· 43
  - 3. 绝对服从 ·················· 43
  - 4. 明确分工 ·················· 44
  - 5. 财产一体 ·················· 44

◆ 二 《墨子》其书 ·················· 45
- (一) 《墨子》的版本与结构 ·················· 46
- (二) 节用、节葬与非乐 ·················· 51
  - 1. 节用 ·················· 52
  - 2. 节葬 ·················· 58
  - 3. 非乐 ·················· 67
- (三) 兼爱、非攻 ·················· 82
  - 1. 兼爱 ·················· 82
  - 2. 非攻 ·················· 101
  - 3. 备御之法 ·················· 116
- (四) 尚贤与尚同 ·················· 121
  - 1. 尚贤 ·················· 123
  - 2. 尚同 ·················· 134

3. 义政 ·· 143
　(五) 天志、明鬼与非命、尚力 ······················· 147
　　1. 尊天 ·· 150
　　2. 事鬼 ·· 152
　　3. 非命 ·· 154
　　4. 尚力 ·· 156
　　5. 神道设教 ··· 159
　(六) 科学与逻辑 ······································· 163
　　1. 科学知识体系 ······································ 164
　　2. 科学理论 ··· 169
　　3. 墨辩逻辑 ··· 171

◆ 三 《墨子》与中华文化 ······························· 173
　(一) "显学"的中绝：帝国时代的思想命运 ······ 173
　(二) 道藏中的《墨子》：墨子与中国宗教 ········ 175
　(三) 墨家之守：《墨子》"城守诸篇"与中国军事 ··· 179
　(四) 三教外的"奇葩"：《墨经》与逻辑、科学 ··· 182
　(五) 专制与民主：《墨子》与中国近代政治 ······ 185
　(六) 自苦行义：墨子与中国"侠义"道 ··········· 189

◆ 四 《墨子》精华语段选读 ··························· 194
　(一) 总论 ·· 194
　(二) 节用、节葬与非乐 ······························· 197
　(三) 尚贤与尚同 ······································· 199
　(四) 兼爱与非攻 ······································· 201

（五）天志与明鬼 ………………………………… 205

（六）非命与尚力 ………………………………… 207

◆ 五　延伸阅读书目 ……………………………………… 209

引 子

2016年8月16日凌晨1点40分,酒泉卫星发射中心,一枚长征二号丁(CZ—2D)运载火箭喷出橘红色的火焰,伴随着震耳欲聋的轰鸣,从发射塔架上缓缓升起,旋即一飞冲天。这是该型火箭自1992年以来的第29次发射,与以往的28次发射一样,在完成了诸如"助推器分离"、"一二级火箭分离"、"整流罩分离"等标准动作后,成功地实现"星箭分离",并将它所运载的人造卫星送入了预定轨道。

这次发射又注定是不平凡的,甚至是划时代的。之所以这么说,不在于那些标准动作完成得有何特殊,而在于搭载其上的卫星。这颗卫星,是人类有史以来第一颗量子通信卫星。而量子通信,则是人类通信历史上的又一次全新革命。

2016年8月的这颗量子通信卫星,正是人类将量子通信由实验室付诸实践的第一次尝试。而这颗具有划时代意义的卫星,被命名为"墨子号"。

墨子是谁?为何以他的名字来命名人类第一颗量子通信卫星?命名是一种隆重的致敬方式,为何不是孔子、老子、朱熹、王阳明,抑或祖冲之、僧一行、徐光启,或更为耀眼、更为今人熟知的古代贤哲或科学家,而是墨子呢?

借助于这些问题,我们进入本书的主题,相信通过阅读本书,读者诸君不仅可以探晓以上问题的答案,并由此进入墨子这位中国古代圣贤独特而又丰富多彩的思想世界。

一 墨子其人与墨家组织

春秋以降,中国历史上出现了一次前所未有的思想大爆发,百家争鸣的诸子时代的精神跃动,相较此前的文化演进,无疑是一次重大的历史飞跃。而在当时人们的观念中,先秦诸子中唯一能与后来被视为至圣先师的孔子相比肩的人物,正是本书的主角墨子。墨子所奠基的墨家之学也是堪与孔子所开创的儒学分庭抗礼的"显学"。孔墨对举、儒墨并称,是诸子时代乃至秦汉时期人们的一般观念。

墨子

然而孔、墨二子及其各自开创学派的命运轨迹,在后来却大相径庭。在他们身后不久的汉初,儒家被定为一尊,孔子被推为无位而有为的"素王";但是那个曾经组织严密、徒众"弥满天下"的墨家,则突然消失无形,其开宗鼻祖墨子,尽管生前即被视为"北方贤圣人",而在此时,其生卒年月、里籍家世甚至姓甚名谁,都充满着难以说清道明的谜题,后世更是争讼纷纭,难成定论。

这无疑为我们了解墨子其人带来无法避免的难题。对此,本书无意也无力在种种争论中折冲其间,给出这些谜题的最终答案。只是希望通过初步的引述介绍,使读者对于墨子生平的基本情况、历史影响以及其间存在的种种疑团,有一个初步的了解。

(一) 生平之谜

1. 谜之一:《史记》失载

如所周知,史圣司马迁以上穷碧落下黄泉的苦索穷究精神,为在其前出现过的中国历史上的各色人物作传,其笔下人物所及,上及帝王将相,下至刺客游侠,但是对于墨子,却不仅没有单独作传,而仅仅在《孟子荀卿列传》末用区区 24 个字提及墨子生平,而且在这 24 个字中,就有三个表达大概、可能、无法确定的字眼(一个"盖",两个"或"):

盖墨翟,宋之大夫。善守御,为节用。或曰并孔子时,或曰在其后。

无疑,在这部声称要"究天人之际,通古今之变"的史学巨著中,有关墨子这个"人"的形象却如镜花水月一般含糊不清、捉摸不定。

莫非是因为墨子在当时人微言轻,根本不值一提吗?显然不是。早在墨子在世时,即因有着极高的社会威望和影响力,而被称为"北方贤圣人":

盛誉流于北方,义声振于楚越。(《吕氏春秋·当染》)

而在其身后,墨子及其墨家学派依然声名远播。无论是称颂还是批评,墨子都是其后诸子不能回避且必须高度重视的人物。如儒家的

"亚圣"孟子就说:

> 杨朱、墨翟之言盈天下,天下之言,不归杨,则归墨。(《孟子·滕文公上》)

认为墨子的学说影响极大,充盈天下。而战国时期道家的代表人物庄子对墨子的关注度,更丝毫不亚于孟子,在《庄子》一书中提及墨子、墨家者,不下数十次,在那篇总结先秦学术发展的经典文章《天下》篇中,开篇论及的就是墨家。同时,庄子虽然不赞同墨子的学说,但对于墨子的人格魅力,亦不乏溢美之词,他说:

> 墨子真天下之好也,将求之不得也,虽枯槁不舍也,才士也夫!

也正是因为墨子思想的巨大影响力和其人格的非凡魅力,墨子的学说成为战国时代唯一能与儒家平起平坐的"显学",即有着广泛影响力和追随者的学说。法家代表人物韩非就明确指出:

> 世之显学,儒墨也。儒之所至,孔丘也;墨之所至,墨翟也。(《韩非子·显学》)

杂家著作《吕氏春秋》也提及,墨子"从属弥众,弟子弥丰,充满天下",并说:

> 孔、墨之后学显荣于天下者众矣,不可胜数。(《吕氏春秋·当染》)

即使到了秦汉,儒墨并称、孔墨对举,也是极为常见的说法。如汉初陆贾《新语》说:

> 墨子之门多勇士,仲尼之门多道德。(《新语·思务》)

贾谊也说:

> 有仲尼、墨翟之贤。(《新书·过秦论》)

而在汉初黄老道家的代表作《淮南子》中,这种情形更为普遍,《俶真训》《主术训》《齐俗训》《道应训》《人间训》《修务训》《泰族训》等等文章中,此类表述所在多有,在一部集体创作而成的著作中,有如此之多的孔墨并提现象,也充分说明了墨子学说影响的强大和广泛。《修务训》甚至认为"新圣人书,名之孔墨",即会大受世人所重,这也正形象地显示出对于墨子思想地位的推重。面对这样的历史现实,号称究通天人古今之际的司马迁,当然不会无知地认为墨子微不足道、不值一提了。事实上,他自己也在《史记》中每每儒墨并提、孔墨同称。"采儒墨之善"、"剽剥儒墨"、"儒墨之分"等等说法,在《史记》中比比皆是,墨家在司马迁心目中的地位如何,在此显然无需多言了。

既然如此,则是否有关墨子的传世史料太少,令司马迁无法连缀成篇呢?这种说法也很难成立。这其实也是对司马迁撰写《史记》时掌握史料之宏富和爬梳史料之能力的过于低估。事实上,即使到了西汉中后期的成帝年间,刘向、刘歆父子也能从众多前世传本中整理出《墨子》71篇——比今天我们看到的53篇还要多18篇——在西汉早期的司马迁,不可能面对梁启超所谓"史料可谓枯竭极矣"的情形。而在《史记》开首的《太史公自序》中,司马迁以继承其父司马谈遗志自铭,声称要"悉论先人所次旧闻,弗敢阙",则自序中所引的司马谈的《论六家要旨》一文,必为其铺陈先秦诸子思想的总纲,而就是在这篇言简意赅的《论六家要旨》中,谈及墨子思想的文字篇幅就比有关儒家的多了一倍丕多,显然司马迁不可能对此置之不顾,而以区区24个字匆匆作结的。

还有一种可能,或许可以解释《史记》失载的谜题,此即:有关墨子生平的寥寥数语,乃是因其简文残缺散失所致。

我们知道,古代的简册都是用各种编绳编连的,翻阅既久,即便再结实的编绳,也不免散断,所以孔子读《易》有"韦编三绝"之说。如果仔细辨别,其中的蛛丝马迹其实很多。首先,墨子的传记是在《孟子荀卿列传》的卷尾,而此一部位应该是最容易散失简板的部位,如同一本书,最易磨损、撕裂的就是封皮一样,而竹简一般都是捆卷起来存放的,故其卷尾部分即相当于今天书籍的封皮。更重要的是,有关墨子记载的文字,上下文有明显脱节之处。其上文"自如孟子至于吁子,世多有其书,故不论其传云"后,紧接着即是"盖墨翟,宋之大夫"云云,似言犹未尽而突换主题。而最后一句"或曰并孔子时,或曰在其后"即戛然而止,从文义、文气判断,也不当如此,而应有较上述诸子更多的文字来展开才合文章常情。最后,至为关键的是,《史记》撰写的通例,是在每一篇传记的末尾都有"太史公曰"的评论以作总结,"十二本纪"、"三十世家"、"七十列传"皆为如此,唯独此传,没有"太史公曰"的评语,则不可不为《史记》本有墨子长篇传记但因断简散失的一大明证。

如果说,在这里我们初步解开了《史记》何以不载墨子这位先秦的"贤圣人"详细情况,何以对先秦时可与儒家平起平坐的"显学"只用区区24个字轻描淡写地处理的谜底的话,则正是因为这一点,使得我们无法透过《史记》这部史料的富矿,对于墨子的生平有更明晰确切的了解,也直接导致了后世有关墨子生平的众说纷纭。

2. 谜之二:墨翟、翟乌还是貊狄?

墨子雕塑像

墨子姓墨名翟,古无异说。《吕氏春秋》《史记·孟子荀卿列传》《淮南子》等皆从此说,唐代林宝《元和姓纂》更明确地指出,墨子为孤竹君之后,本墨台民,后改为墨氏,并说:

战国时宋人墨翟,著书号《墨子》。

以后《新唐书·艺文志》也沿用这种说法,影响较大。

而南齐孔稚珪《北山移文》则称墨翟为"翟子",这就似乎认为墨子以"翟"为姓。元代伊世珍《嫏嬛记》也附和此说,并认为墨子姓翟名乌,至于为何名"乌",他引用了一本后来被考订为其自己臆撰的《贾子说林》一书的话来说明:

其母梦日中赤乌飞入室中,光辉照耀,目不能正,惊觉生乌,遂名之。

清代周亮工《因树屋书影》更具体地提出:

墨子姓翟,母梦乌而生,因名之曰乌,以墨为道。今以姓为名,以墨为姓,是老子当姓老乎?

至于以墨为道如何成立,则他并没有解释。近代学者江瑔《读子卮言》承袭周亮工的说法,并作进一步证明,认为古代确有"翟"姓,但根本就没有"墨"姓,而且先秦诸子中儒、道、名、法、阴阳、纵横、杂、农、小说等,皆非以姓作为学派名,因此墨应该是学派的名称而非其姓。

20世纪20年代,胡怀琛在其所撰《墨翟为印度人辨》《墨翟续辨》等文章中更惊世骇俗地提出,墨非姓,翟也不是姓,更不是名,墨翟其实是"貊狄"或"蛮狄"之音转,它只是用来指称一个不知姓名的异邦人,更具体地说是印度人——至于墨子何以更为具体地是印度人,我们在下文谈墨子里籍时再加引述。总之,墨翟成了异邦人的代名词,它既非姓,亦非名。

由于墨子的姓氏成为问题,近代许多学者转而探求墨家以"墨"名家的来历。这大概可以算作江瑔所谓诸子百家皆不以姓命名观点的另一种延续。儒、道、名、法、阴阳、纵横等等,一见其名,即知其思想主旨,而墨家的"墨",到底指称什么呢?大概有以下三种说法:

1. 墨为古代刑法之一种:先秦有"墨、劓、刖、宫、大辟"五种刑罚,史学家钱穆即认为墨子、墨家的"墨"就是五刑之一的"墨"刑。墨刑又叫做黥刑,即先割破人的面部,然后涂墨,伤好后留下深色的伤疤,类似于后世的刺面,这是先秦最轻的一种刑罚。他认为,墨子或因坐罪而受过墨刑,罚做苦役,故人称之为"墨"。墨家其道以自苦为极,墨子和其弟子都"手足胼胝,面目黎黑,役身给使,不敢问欲",人人皆可使"赴火蹈刃,死不还踵",亦是其为刑徒役隶的明证。

2. "墨"即黑色:墨子"面目黎黑",故以"墨"命名。《贵义》篇记载了一个故事,通过一位善察气色的相面先生之口,道出墨子面色黝黑,墨子自己也默认了这一说法。因此颇有人怀疑墨子之"墨"是指墨子的相貌、肤色。而东方人如此肤色,往往又与出身低贱、苦力为生的劳动阶级相关。

3."墨"指木匠艺人用来打线的绳墨。近人李石岑主此说,认为墨子为大匠出身,因此绳墨精巧过人,遂得"墨者"的称呼。墨子确实是一个出色的木匠。《韩非子·外储说右上》记载了一则关于墨子精于木工的故事,讲墨子曾经花了三年时间,制作了一个会飞的木鸢,在天上飞行了一天才掉下来。他的弟子们对此表示了由衷的赞美,但墨子本人却不认为了不起,说他还有比这更精巧的技术。其精通绳墨之道,于此可见一斑。另外,主张此说的学者还举出《墨子》一书提到的"轮匠执其规矩,以度天下之方圆"(《天志上》),《庄子》书中说墨家"以绳墨自矫,而备世之急"(《天下》篇)等说法,来证明墨子及墨家与"绳墨"的密切关系。

无论如何,凡此种种说法众说纷纭、不一而足,没有哪种说法堪称定论。但一般而言,认为墨子姓墨名翟的观点,更为普遍。如刘汝霖(《周秦诸子考》)、伍非百(《墨子大义述》)、吴毓江(《墨子校注》)、方授楚(《墨学源流》)、王冬珍(《墨学新探》)以及杨俊光(《墨子新论》)等,都持此说。

3. 谜之三:墨子的生卒年月

墨子出生在哪一年,逝世于哪一年,享年多少,先秦典籍对此皆无具体记载。即使为墨子纪传的司马迁,他关于墨子生卒年份的说法也更像一个谜题:模棱两可地用了两个"或曰",让后人猜测千年而不决:"或曰并孔子时,或曰在其后。"尽管如此,毕竟也给墨子的生卒年限划出了一个伸缩度颇大的范围。

东汉史学家班固则在司马迁的基础上缩小了范围,他在《汉书·艺文志》中明确指出,墨翟当"在孔子后"。南朝史学家范晔在《后汉书·张衡传》中也说:"公输般与墨翟当子思时,出孔子后。"《汉书》和《后汉书》的说法应是可信的,因为单从《墨子》一书中也可以找到佐证。如《墨子·耕柱篇》载有孔子的再传弟子,即"子夏之徒"和墨的对话,即可证明墨子当在孔子之后,和孔子之孙子思等再传弟子们大概同时。另外,根据《墨子》书中的记载和先秦各家的传说,墨子和公输般(即鲁班)同时,但年纪比公输般小一些,公输般生于公元前489年(孔子去世前十年),与孔子不算并世,则墨子与孔子当然也不并世,而应在孔子之后。

但是,有关墨子更为具体的生卒年代,则有许多不同的说法。随着史料的不断发掘和研究的深入,各种说法间的差距也在逐渐缩小。大体有以下几种有代表性的说法:

(1) 汪中说。其《墨子序》云:"墨子实与楚惠王同时。"楚惠王在位年限是公元前488年至前432年。汪氏又根据《墨子》书中已载的当时各诸侯国为齐、晋、楚、越四分天下的形势,进而分析"明在勾践称伯之后,秦献公未得志之前,全晋之时,三家未分,齐未为陈氏也"。勾践称霸是在公元前473年灭吴之后;秦献公继位在公元前384年;韩、赵、魏废晋静公,三分晋国是在公元前369年;陈氏夺取姜氏的齐国是在公元前379年。

但如果考虑各种文献中记载的墨子活动都发生在其成年后,所以汪中的分析仍然显得疏阔,毕竟从楚惠王即位之前到陈氏取得齐国政权,中间相隔最多可达一百余年。胡适根据这一分析,进一步将墨子的生年限定在公元前520年至490年之间,卒年限定在公元前425年至416年间;任继愈又进一步推断墨子约生于公元前480年,约卒于公元前420年,大概60岁。

(2) 毕沅说。其《墨子注·叙》云:"(墨子)六国时人,至周末犹存。"所据为《非攻》中篇"中山诸国,其所以亡"一语。中山诸国亡于公元前295年。由此看来,墨子当与战国中期的孟子约公元前372年至289年同时,与汪中说相隔100多年。

(3) 孙诒让说。在其《墨子年表》中,对汪中说和毕沅说分别给

墨子全身像

予了反驳,认为汪中"失之太前",毕沅"失之太后"。孙氏根据《墨子》书中叙及的人物活动,认为"墨子当生于周(贞)定王(公元前468年至前441年在位)之初年,而卒于周安王(公元前401年至前376年在位)之际,盖八九十岁"。

梁启超认为孙氏说"大段不谬"。梁氏在其《墨于学案》中,根据《墨子》书中所记载的墨子亲见的人、亲历的事为标准,再拿他书所记实事做旁证、反证,对孙氏之说又作了进一步推敲,考定出墨子生于公元前468年至前459年间,约当孔子卒后10余年;卒于公元前390年至前382年间,约当孟子生前10余年,大概与子思同时。

以上三种说法中,孙氏、梁氏的说法似更为可信。后来一些学者的考证结果大多与此大体相当。当然这也并非定论,毕竟还有一些学者提出不同意见,如学者方授楚即明确反对梁启超的观点,而更重视清人汪中的考定。

有趣的是,东晋道士葛洪还把墨子附会成神仙,据其《神仙传》记载,墨子活到82岁的时候,认为自己已看穿世事,一切人间荣华富贵皆为镜花水月,不得长久,于是,他发愿要放弃流俗、修炼成仙。传说中,至少在汉武帝时,武帝还派使者杨违,带着黄金玉帛,请墨子出山为官,而按墨子生年最保守的估算,到汉武帝时,墨子应该也有300多岁了。当然,葛洪的说法不过神仙家自伐其能的大话,自是不足为信的了。

4. 谜之四:中国人还是印度人,抑或是阿拉伯人?

墨子的出生地在哪里,同样众说纷纭。自汉以后,人各异说,尟少有争议。清代考据学盛行,于是墨子的里籍问题才真正成为谜题,至今仍然争讼不绝,甚至有演变为争乡贤、旅游文化资源的嫌疑。正如孙悟空的老家到底在甘肃、福建还是印度一样不确定,墨子里籍的谜底同样多而不定:宋人、鲁人、楚人、齐人,甚至印度人、阿拉伯人。

一说墨子故里为河南鲁山

(1) 宋人说:最早明言墨翟为宋人的是东晋的葛洪。其《神仙传》云:"墨子者名翟,宋人也,仕宋为大夫。"又在其《抱朴子》云:"墨子名翟,宋人。"林宝《元和姓纂》、杨倞《荀子·修身》注等皆从其说。今人顾颉刚、杨向奎、冯友兰等亦认同此说。其理据主要是《史记》《汉书》均以墨子为"宋大夫",而大夫多为世袭;另外《墨子》中记载的墨子活动不少在宋国发生,且有止楚攻宋的著名事件;以及墨子语言有宋方言的特色等等。

(2) 鲁人说:最早提出墨子是鲁国人的为东汉末年人高诱。《吕氏春秋·慎大览》高诱

墨子出生地——山东省枣庄市滕州市木石镇化石沟村

注曰:"墨子名翟,鲁人也。"清代学者孙诒让在《墨子间诂·墨子后语上》更明确指出墨子"生于鲁而仕宋"。他说:

> 以本书考之,似当以鲁人为是。《贵义篇》云:"墨子自鲁即齐。"又《鲁问篇》云:"越王为公尚过束车五十乘以迎子墨子于鲁。"《吕氏春秋·爱类篇》云:"公输般为云梯欲以攻宋,墨子闻之,自鲁往,见荆王曰:臣北方之鄙人也。"《淮南子·修务训》亦云:"自鲁趋而往,十日十夜至于郢。"并墨子为鲁人之证。

孙诒让的考证具有一定的说服力,也得到了后来不少学者的赞同。梁启超、陈柱、刘汝霖、钱穆、伍非佰、方授楚等治墨大家皆从其说。

(3) 楚人说:最早提出墨子为楚国鲁阳人的是清代的毕沅和武亿。毕沅《墨子注叙》曰:

> 高诱注《吕氏春秋》以为鲁人,则是楚鲁阳,汉南阳县,在鲁山之阳,本书多有鲁阳文君问答,又亟称楚四境,非鲁卫之鲁,不可不察也。

武亿《跋墨子》曰:

> 《吕氏春秋·慎大览》高诱注:"墨子名翟,鲁人也。"鲁即鲁阳,春秋时属楚。古人于地名,两字或单举一字,是其例也。

此说纯由墨子与楚鲁阳文君有所问对而推论"鲁"为"鲁阳",所以从者不多,且孙诒让在《墨子间诂·墨子后语上》的批驳相当有力:

毕沅、武亿以鲁为鲁阳,则是楚邑。考古书无言墨子为楚人者。《渚宫旧事》载鲁阳文君说楚惠王曰"墨子,北方贤圣人",则非楚人明矣。毕、武说殊谬。

(4) 齐人说:今台湾学者宋正介以墨子独称齐王为"大王"、齐地即墨典故等推证墨子为齐国人,因其文献证据甚少,故很少有人认同。

(5) 印度人说:显然,视墨子为外国人,是探析墨子里籍谜题中最为奇特也最令人感兴趣的一种说法。它将墨子的里籍之争引向了国籍之争,而且引发了上世纪20年代一场参与人数众多、火药味极浓的大论战。

1928年4月,胡怀琛在《东方杂志》第25卷8号上发表《墨子为印度人辨》一文,拉开了墨子国籍问题论战的序幕。该文认为:墨翟的"翟"即夷狄的"狄",由此而证,墨翟即是墨狄。所谓"墨"是指墨子面黑或衣黑,因此墨翟乃是面黑或衣黑的外国人。具体地说,墨子乃是印度的佛教徒。因为其"兼爱"、"节用"、"天志"、"明鬼"等主张实

一说墨子故里为古滕国

与佛教相通；而后期墨家的逻辑学，就是佛教逻辑"因明学"。另外，孟子说墨子"无父无君"，正是其出家的证明；史载墨家"摩顶放踵"，本意就是秃头赤足，这也正是僧人才有的装扮。而且，墨家人物的许多姓名非中土可有，如索卢参等，应为印度名字的译音，等等。此论一出，即引起了学界的一片哗然。

郑师许、吴进修、方授楚、陈登源等学者相继而起，对胡氏之论进行了反驳。其中，方授楚的驳论最为系统有力。他在《墨子非印度人论》一文中，以先秦至三国书尤其《墨子》书中无一处以"狄"为"翟"的用法，以孟子因陈相学于南蛮人许行而严斥之，但从未以"外国人"斥墨子，以《渚宫旧事》卷二鲁阳文君言"子墨子北方贤圣人"等，驳胡氏所谓墨子为印度人的说法。又以"天志"、"明鬼"乃上古旧学，而因明学乃陈那改良后才传至中国，胡氏对于孟子言墨子"无父"及墨家"摩顶放踵"的解释皆为曲解，并直接指出，墨家主入世、倡早婚，绝不同于佛学等等，驳斥胡氏墨子为佛教徒的说法。可以说条分缕析，有理有据，对于驳斥胡怀琛的墨子印度佛徒说相当有力，也得到了大多参与辩论学者的认可。

作为响应，胡怀琛自编《墨子学辨》，将自己的论战文章以及支持其观点的汉学家卫聚贤、高僧太虚法师的相关文章收入其中。卫聚贤是胡怀琛观点的重要支持者，他撰写多篇文章认为墨子、老子皆为印度人，其基本理据亦不过是墨子思想的独特性和肤黑、高鼻的身体特征等。而太虚法师则认为墨子之天志明鬼及自然科学，皆系中国原无，以证墨子确非中国人。但同时又认为墨子根本思想不是佛教，而是印度婆罗门教。对此，方授楚、陈登源等人，皆作了逐条批驳。

更富戏剧性的是，金祖同在论战中发表《墨子为回教徒考》一文，认为墨子其实是阿拉伯回教徒。他的主要观点是：墨子不是中国人；《墨子》一书纯为宗教家言论；墨子既非佛教徒，亦非婆罗门教徒，而为回教即伊斯兰教徒;回教不创始于穆罕默德。金氏认为:常人都说回教创始于穆罕默德,即在中国南朝陈宣帝太建三年,墨子与回教创教年代相距颇远,但公元前埃及史学家马懿涛早已言及回族自外来而胜埃及军队事,所以金氏认为:"回教之不创始于穆罕默德也明矣",进而他认为墨子正是在回族胜埃及这一强盛之时来到中国的。就此,方授楚撰《驳墨子为亚剌伯回教徒说》一文,就金祖同历史考证中的常识性错误予以反驳。

当然,今天几乎没有人会赞同"墨子非中国人"这种说法了,墨子本人的生活以及他所创立的学说与中国的政治、经济、伦理文化以及民情风俗密切相关,无论如何难以和外国人扯上关系。但有关墨子里籍的争论仍然不断,不过,争论的主题更局限于河南鲁山(所谓"西鲁",即战国楚鲁阳)与山东滕州(所谓"东鲁",即战国鲁之附庸小邾国)之间争议了。

5. 谜之五:商族后裔还是神鸟造物?

如果认为墨子是印度、阿拉伯人,则墨子的祖辈家世渊源想来渺茫难稽;而如果认为墨子的"墨"只是来自于他的出身(如刑徒、木匠等)或相貌体态(如面目黧黑)的话,则也无关于墨子的家世渊源。但如果我们希望对墨子这个人本身有一些更多的了解,那就有必要对墨子的家世有一些初步的认识。然而,墨子的神秘莫过于其家世的渊源了,几乎没有任何历史文献对此作过明确的记载。《史记》短短24个字关于墨子的介绍中,竟无一字与他的家世相关。

不过,前面提到的元代伊世珍的《嫏嬛记》中的一种说法,倒也值得一提,《嫏嬛记》认为,墨子乃是他的母亲因为做梦梦见日中赤乌而感孕所生;后来清代周亮工也对会其说,说"墨子姓翟,母梦乌而生,因名之曰乌",这就似乎有把墨子的先祖说成是飞禽"赤乌"。这种说法,对于身处科学昌明时代的我们来说,自然不足以信。

但细考此说所出，伊世珍的说法也许并非没有一点来历，而这也或许能为后人考察墨子的家世渊源提供一些可资借鉴的蛛丝马迹。这就是有关殷商祖先的一种传说。在《诗经·商颂》"玄鸟"篇中曾经提到"天命玄鸟，降而生殷"，就是说，殷商人的祖先，乃是天命玄鸟所生。《史记·殷本纪》又对此作了进一步补充，说殷民族的先祖契，是他母亲简狄吞食了玄鸟蛋而受孕所生的。所以殷人一直把这种玄鸟视为神秘的、与其有一种特殊的血族关系的图腾而加以崇拜。玄鸟便是我们习见的黑色的鸟类，也便是伊世珍所谓的赤鸟。司马迁又说过墨子为"宋之大夫"，宋国又是商族的遗民，把墨子这样一个令他的同胞感到骄傲的伟大人物与受人崇拜的神鸟联系起来，或许正与"天命玄鸟，降而生殷"的神话传说有关。当然，这只是一种神话传说，不管古人是否真的相信，今人是不该信以为真的。但墨子的"墨"姓，据许多学者考证，却确实与殷商王族大有关系，或者说，墨姓就是殷商王族的后裔。

前面提到的《元和姓纂》中曾说，墨姓乃是"孤竹君之后，本墨台氏，后改为墨氏。……战国时宋人墨翟，著书号《墨子》"。这就明确指出，墨翟正是孤竹君的后裔。《元和姓纂》是被公认为资料翔实可靠的经典，它的这段说法，不能不说是为我们提供了探索墨子家世渊源的一个重要的线索。

有关孤竹君的事迹已不可考，但是他的两个儿子伯夷和叔齐互相让国、不食周粟的故事却广为流传。《元和姓纂》所载孤竹国君，本墨台氏，后因避乱改为墨氏。至于究竟何时改为墨氏，并未明言。据史籍记载，正是从伯夷开始的。宋人邢昺《论语正义》注引《春秋少阳篇》曰："伯夷姓墨。"很可能是伯夷因避纣王之乱而改姓，将"墨台"氏简为"墨"氏。这是古代文献记载最早的以"墨"为姓的人。由此，则墨翟就应当是孤竹君长子伯夷的后人。

相比于孤竹君、伯夷叔齐以及墨台氏等等说法的渺远难考，著名史学家顾颉刚另辟蹊径，认为历史上传说的伯夷实际上就是春秋时宋国公子目夷子。目夷氏也作墨夷氏，墨怡氏或墨台氏，目、墨通假，夷、怡、台也是相通的。因此来源于墨台氏的"墨"氏实际上是从目夷氏而来，墨子实为公子目夷子之后。①

顾氏这种说法起因于《左传·僖公八年》记载的关于宋太子兹父与公子目夷互相以仁让国的故事。身为太子的兹父认为庶兄目夷年长且有仁义，向先君(宋恒公)请求让位于目夷。目夷则认为，兹父能够以国相让，则可谓最大的仁义，自己不如兹父。结果还是兹父继承了君位，这就是后来历史上非常有名的宋襄公。因为这个故事的情形与伯夷、叔齐兄弟二人相互让国的传说极为相似，伯夷的父亲孤竹君的"墨台"之姓、伯夷与目夷的姓名也相近，顾氏遂认为这也许是同一个人的传说在后来演变增益的结果。目夷年长，所以称作伯夷。叔齐即太子兹父。说墨子是伯夷之后，事实上就是公子目夷之后。

尽管我们至今无法断定顾颉刚所谓伯夷与目夷只是同一人的说法正确与否——毕竟伯夷其人其事，先秦典籍中多有提及——但有理由相信，墨子应该与宋公子目夷子也有不可忽视的关系。很有可能，伯夷和目夷子皆是墨子的先祖，从伯夷到目夷子，再到墨子，正是墨姓一家世系的三个重要人物。

如果真如此，则从墨子的家世看，他和孔子有着相同的渊源。二人都是殷商的后裔，其先祖皆为宋国人——孔子的家世渊源在《史记》中有相当清楚的梳理，他的祖先为宋国人孔防叔——同时，孔子本人出生于鲁国，故为鲁国人当无疑义。而墨子本人尽管里籍不明，但更多的学者认为其当为鲁国人，至少，他一生的许多活动，包括求

---

① 顾颉刚：《禅让传说起于墨家考》，载《古史辨》第 7 册。

学、论政等等,都是围绕鲁国展开,这一点应是疑义不多的。

(二)平民圣人

令人欣慰的是,墨子的生平细节或许在秦汉之后即笼罩在一团迷雾之中,但就其个人的精神品性和价值关怀而言,则借助传世文献可以勾勒出一个大体清晰的轮廓。如果对其基本人格做一界定,或许"平民圣人"最为贴切。"平民"言其出身或思想立场,而"圣人"则表其人格境界。

1."役夫之道"

如同他的姓名、年龄、里籍、家世无法确考一样,墨子的个人出身也只能凭藉后人从传世文献的有关记载中来进行推测。战国末的大儒荀子曾非常不屑地批评墨子的学说乃是"役夫之道"(《荀子·王霸》),显然认定墨子的思想出于社会底层民众,这一看法倒也未必是单纯的污蔑之词。

早在墨子生前,楚惠王的使者穆贺就曾当面说他的学说是"贱人之所为"(《墨子·贵义》)。对此,墨子不仅不以此为耻,相反还以"贱人之所为"为荣。他针对穆贺所谓"贱人提出的理论虽然不错,但尊贵如楚王者不能采纳"的托辞争辩道:农夫交粮给当官的,当官的用它酿酒,制作供品,祭祀上帝鬼神,难道能说是贱人生产出来的就拒绝享用吗?

这里,墨子以农夫为例,以贱人自比,显示出墨子的出身肯定不是贵族。事实上,在墨子所在的周代,所谓贱人,与后世所谓的良贱之分并不相同。大凡"士"阶层以下的庶民,都可称为"贱人"。另外,在《墨子·鲁问》篇中,墨子也曾自称"北方之鄙人","鄙人"应即"野人",属于底层劳动者,居住在鄙野的农村公社区域,这同当时的"国人"即贵族阶层居住在国中的家族公社区域是不同的。又《吕氏春秋·贵义》篇说墨子自"比于宾萌",宾即客籍,萌即四鄙之萌人,与墨子所自称"北方之鄙人"相合。

从墨子的俭朴的生活看,也能看出墨子出身贫贱的端倪。据《吕氏春秋》记载,墨子"量腹而食,度身而衣",而他弟子的生活也差不多,吃藜藿之羹,穿短褐之衣,这跟孔子"食不厌精,脍不厌细"的贵族讲究,大异其趣。《庄子·天下》载,墨子称禹为"大圣","以裘褐为衣,以跂蹻为服,日夜不休,以自苦为极,曰:不能如此,非禹之道也,不足谓墨。"又说:"其生也勤,其死也薄,其道大觳,使人忧,使人悲,其行难为也。"凡此种种,似乎都证明了墨子的平民身份。

另外,从墨子的知识结构看,墨子也绝非那些五谷不分、坐而论道的贵族所能比,在《墨子》一书中,有许多关于生产技术、科学知识的记载。而他本人就是一个技艺精湛的能工巧匠。在这方面,他的名气甚至在被后世尊为木工祖师的公输般之上。关于墨子的精湛技术以及很多天才的设想,历史上留下了不少记载。而在墨子的言谈、游说和教授弟子的活动中,他常用各种工匠的技艺打比方、作论证,

墨子博学,堪称"百科全书式"的先秦思想家

对于"农与工肆之人"与"农与工肆"之事，可谓津津乐道。在作为墨者的公共必修课教材的《墨经》中，就曾广泛列举了诸如缝纫、刺绣、制鞋、冶金、造甲、建筑等等工匠的技艺。同时，墨子反战非攻，因此在制造防御战的器械方面，也有不少影响深远的发明。

当然，墨子虽精通百工之技，但他本人并不是一个以生产为业的工匠。事实上，墨子对《诗经》《尚书》《春秋》等古代典籍也非常熟悉，且经常在讲学游说中广征博引。他曾经自称："翟上无君上之事，下无耕农之难"，可见，从出身看，他既不是高高在上的贵族统治者，也不是直接从事生产的底层劳动者，而是一个有丰富文化知识积累，但又非常接近"农与工肆之人"的人物。他了解社会底层劳动人民的生活和感情，理解他们的利益和要求，并为他们呼吁呐喊："虽在农与工肆之人，有能则举之"（《墨子·尚贤》）。同时，墨子还能把百工的技巧上升到科学理论的高度，对实践中积累起来的经验知识进行总结、概括，从而逐步形成了一系列的科学定义、科学命题、经验公式、机械制造规范，等等。《墨子》经说四篇是其集大成。在《墨经》中，有关数学、几何学、物理学、心理学等诸多学科的条目达50多条。如《经下》和《经说下》有关几何光学中阴影问题、针孔成像问题与球面反射镜成像问题的实验结果和理论说明共八条，层层深入，依次递进，形成了一套具有相当完整性的光学科学体系。正如科学史家钱临照先生所说：

这八条光学文字虽为经下八十余条中的一小部分，但八条文字的本身是经过作者缜密的考虑，把它排成一个很合乎科学意义的次序，这决不是偶然的事。影论，像论有了，几何光学的基础打下了，首尾具备了，这样有条理的完整的记载，文虽前后仅八条，寥寥数百字，确乎可称二千多年前世界的伟大光学著作。①

而更重要的是,墨子对于百工之技的谙熟,绝不仅仅是出于一种为技术而技术、甚至以技炫人的目的,而在于利用百工之技可以造福于百姓。惠施所谓:

墨子大巧,巧为鞔,拙为鸢。(《韩非子·外储说》)

即体现了这一点。从单纯技术的角度看,经历三年殚精竭虑制作而成、能够飞翔天空一日不落的木鹰不可不谓精巧,但相比只用三寸木段花半天工夫制成、但能运载数百斤重物的车辖,却徒有其机巧而无用于人,以此观之,则制作车辖才是真正的大巧。《墨子·鲁问》篇更明确地将这一观点表述为:

故所谓功,利于人谓之巧,不利于人谓之拙。

可见,自称"北方之鄙人"的墨子,被视为"役夫之道"、"贱人所为"的墨家学说,确确实实地体现着来自社会底层的精神气息,但是也正是墨子这样的"贱人"、"鄙人",却对于社会的公利苦苦追索、孜孜以求,这难道不正体现了一种圣人的高尚情怀吗?

2. 义以救世

正如大多现代学者所看到的那样,墨子在哲学、伦理、逻辑、教育、天文、数学、物理、工程技术、军事等各个领域,都有在他的那个时

---

① 钱临照:《论墨经中关于形学力学和光学的知识》,载自《科学通报》第2卷第8期,1951年。

代堪称一流的探讨和研究,某种意义上我们可以说,墨子乃是中国历史上少有的一位百科全书式的思想家。但是,在所有的这些知识、思想之中,有一个基本宗旨贯穿其间,这就是墨子自苦为极、兼利天下的救世情怀和精神。

战国之初,社会剧烈动荡,社会力量新旧交争,旧秩序体系崩溃,新规范亟须构建;诸侯力争,诈伪相尚,战争和统治者的贪欲使社会下层人民遭受了深重的苦难。同时,诸侯的纷争和旧权威的跌落又使社会思想充分发育,诸子百家纷纷据其对社会各种问题的认识著书立说、发表见解、阐明态度,从而形成了百家争鸣的局面。墨子的一切思想和实践,都是围绕着这一社会状况来展开。他站在社会底层民众的立场上,亲眼目睹、亲身体验着"饥者不得食、寒者不得衣、劳者不得息"的社会不义,以拯救天下为己任,大张"义"的旗帜,提出"万事莫贵于义"(《墨子·贵义》)的宣言。

梁启超曾在《先秦政治思想史》中写道:"古今中外哲人中,同情心之厚,义务观念之强,牺牲精神之富,基督而外,墨子而已。"可谓对墨子人格境界颇为中肯的评价。

(1) 义的"钩拒"

在《墨子·鲁问》篇中,有一则关于墨子舌战公输般的故事耐人寻味。

《鲁问》记载,楚越两国舟师多次在长江上交战。楚国处上游,战船较大;越国处下游,战船较小。楚国战船顺流而进,逆流而退。遇到有利情况即进攻,但如遇不利,想退却就不大容易了;而越国战船逆流而进,顺流而退,遇到有利就进攻,遇到不利退却也会相当迅速。越国人利用这种水势,屡战屡胜。

于是,楚国聘请制造攻战器械的高手公输般即鲁班来解决这一困局。鲁班不愧为木匠界的祖师,他发明了钩和拒两种器械。敌船进攻则以"拒"推击,敌船退却则用"钩"钩住,为了达到最佳效果,公输般还反复计量钩拒的最佳尺度,可谓精益求精,所以,楚国舟师就克服了原来机动性的不足,在此后的船战中连奏凯歌。

钩拒之辩

公输般自然十分得意,自以为他的武器为天下至巧,便向经常与他斗智比巧的老对手墨翟夸耀道:"我船战有钩有拒,不知你口口声声的'义'有没有钩拒之利?"

墨子回应道:"我这义的钩拒,远比你那舟战的钩拒为好。我用兼爱来钩,用恭敬来拒。不用兼爱来钩,就不相亲;不用恭敬来拒,则会流于轻慢。不相亲而又轻慢,人心马上就会离散。所以互相兼爱,彼此恭敬,就等于互相有利。而你用钩去钩人,人也用钩来钩你;你用拒去拒人,人也用拒来拒你,互相钩,互相拒,那也就等于互相为害了。你舟的钩拒怎么能比得过我义的钩拒呢?"公输般无以作答,只能默然叹息。

墨子与公输般的这次钩拒之辩,更重要的是它的象征意义。公输般所自以为的高明之处,在于利用更先进的兵器帮助楚国,使之变劣势为优势,进而击败越国。而墨子所思考的则不是一时一处的胜负之分,而是从社会的根本大计出发来看待一切。他希望用良好的道德改善人与人之间互相争利、国与国之间彼此征伐的社会局面,以建立一个以仁义爱敬为钩拒的社会秩序。

这里,公输般与墨子之间匠人与圣人的区别可谓昭然若揭:匠人仅仅局限于"用世",就是用他的技能服务于社会,至于技能为善人所用还是为恶人所用,是服务于强权还是服务于黎庶,就并不是他所关心的了;而圣人则以"救世"为旨归,它有着明确的价值指向和道德尺度,对于墨子而言,这就是"义之所在",就是所谓"仁人之所以为事者,必兴天下之利,除天下之害"。

(2) 天下良宝

在春秋战国时期,许多诸侯国都有自己的镇国之宝,尤其著名者,如和氏璧、随侯珠。至于周天子之"九鼎",更是天下至宝。

和氏璧极富传奇色彩。两千多年来的历史文献中,有关于它的记载和传说史不绝书,其中蔺相如奉璧使秦,完璧归赵的著名故事更是家喻户晓。而随侯珠则是中国春秋战国时期随国的珍宝,与"和氏璧"并称为"春秋二宝"或"随和",古有"得随侯之珠与和氏璧者富可抵国"之说。至于三翮六翼的九鼎,就更是唯有天子方可拥有的国之重宝。据《春秋左传》记载,夏朝初年,夏王大禹划分天下为九州,令九州州牧贡献青铜、铸造九鼎,将全国九州的名山大川、奇异之物镌刻于九鼎之身,以一鼎象征一州,并将九鼎集中于夏王朝都城。这样,九州就成为中国的代名词,而九鼎成了王权至高无上、国家统一昌盛的象征。公元前606年,春秋五霸之一的楚庄王势力日益强大,他野心勃勃,意欲取代周王而定天下。于是,就有了楚王陈兵周郊、"问鼎大小轻重"的故事,而"问鼎"亦成为图谋夺取统治权的代名词,与此相应的"定鼎",则是指一统江山之意。

由此可见,在春秋战国时代,和氏璧、随侯珠和九鼎对于各诸侯国的君主而言,绝对具有不容辩驳的珍贵价值,更不用说普通民众。但是,墨子却并不这么认为,因为在墨子看来,与"义"相比,它们显得不值一提。天下之良宝,是"义"而非此三者。

《墨子·耕柱》篇中有一段墨子关于天下良宝的论述,他说:"和氏璧、隋侯珠、三翮六翼的九鼎,这是诸侯所说的良宝。它们可以使国家富庶、人民众多、政通人和、社稷安定吗？显然不能。之所以贵重良宝的原因，在于使人得到利益。而用义在国家施政，人口必然增多，刑政必然得到治理，社稷必然安定。因此义才是天下的良宝。"

也正因为此，墨子在《贵义》篇中开头就说："万事莫贵于义。"指出天下的一切事情都不如"义"贵重。在《天志上》中又说："天下有义则生，无义则死；有义则富，无义则贫；有义则治，无义则乱"，将"义"的重要性提高到了无以复加的地步。可以说，以义为贵是墨子学说的根本特征，而义之所在则是指引墨子一生行事的根本指南，义的实现是他终身奋斗的目标。

（3）自苦为义

行义以兴天下之利，除天下之害，这是墨家的外在目标。而以"绳墨自矫"，则是其立身行事的内在规矩。绳与墨，是木匠做工时的衡准工具；"以绳墨自矫"，是指墨家就像木匠以绳墨为准加工木材一样严于律己。庄子认为墨子"以绳墨自矫而备世之急"，即是指用各种严厉的规矩约束自己以满足社会的急需。某种意义上说，墨子行义以救世的实践，正是以"以绳墨自矫"的自律、自苦甚至自我牺牲作为前提的。

墨子认为，欲兴天下之利，除天下之害者，就必须担负起受苦受难、自苦为乐的角色，一切从自我做起，做行义为善的楷模。对此，《庄子·天下》篇借墨子称赞大禹的话予以揭示，墨子说："从前大禹治水时堵塞洪道，疏通江河，并使四夷九州沟通起来。经他之手整治的大河有三百条，分支河道有三千条，水渠溪流更是不可计数。所有这些，都是大禹亲力而为的，他亲自抬筐挥铲，终于汇聚了大地上肆虐奔流的洪水而使之归入大江大河。劳苦奔波，使得他腿肚子消瘦，小腿上无毛，淋着暴雨，冒着狂风，安顿好了万家城邑。禹是大圣，但仍亲自为天下事务如此操劳。"因此，墨子要求后世的墨者以粗布做衣,用草木为履,日夜不停地操劳,把自身清苦看作是行动的第一准则。并且认为:"不这样做,就不符合夏禹的主张,也就不配称作墨家传人。"

　　墨子是这样说的,也是这样做的;而他的弟子们,也谨遵师训,成为"以绳墨自矫"、自苦为义的真正践履者。在《非乐》《节用》等篇中,墨子把节俭奉为生活原则,衣食不求美味华丽,居处不求奢侈豪华,只要"量腹而食,度身而衣"、"足以避润湿、御风寒"即可。他的一生朴素清贫,穿粗布之衣,食野菜糜粥,行以步代车。如止楚攻宋时,他从鲁国出发,跋涉千里,裸足而行,疾行十日十夜,脚上磨起了老茧水泡也不休息,到达楚都郢城时已是衣衫褴褛,脚底裂开了道道血口。

　　也正是墨子的以身作则、率先垂范,使他的弟子们也个个以"摩顶放踵以利天下"为追求。据《墨子·备梯》记载,墨子的大弟子禽滑厘追随墨子行义于天下,手脚磨起了老茧,面目被晒得黧黑,但仍然一点也不敢放松自己,恭谨地聆听墨子的教诲,却从不敢提起自己的所欲。这样的刻苦自砺,甚至连墨子都觉得过意不去,于是拿出酒菜来慰劳他,坐在茅草地上叫他喝酒吃肉。但是,就在这本该轻松片刻的时候,禽滑厘还诚惶诚恐地向墨子请教守御之道。比起儒门大弟子颜回"一箪食,一瓢饮,在陋巷,人不堪其忧,回也不改其乐"(《论语·雍也》)的吃苦精神,无疑更为难能可贵。然而,颜回乐道不忧贫的精神,自古以来即广为传送,而墨家自苦为义的精神,却长久以来很少为人所知,这不能不让人慨叹历史的厚此薄彼,也不能不让人对于墨家自苦以利天下的高尚精神愈发钦佩。

　　也正因为此,梁启超高度赞扬墨家说:

　　　　墨家的根本之义,在于肯牺牲自己。即"士损己而益所为也","为身之所恶,以成人之所急也"。

就刻苦实行这一方面来看,墨子真是极像基督,若有人把他钉在十字架上,他一定含笑不悔。

(4) 修身立义

墨子自苦以行义的高尚情操并不是凭空而来的,相反,它与墨子高度重视平日的道德养成大有关系。如《墨子·修身》篇就认为,作战虽以阵势,但必以勇敢为本;办丧事虽讲礼仪,但必以哀痛为本。而自身的道德修养,则是行义的根本。根本不牢的,枝节必危,不去修身,则无从行义。

《墨子·贵义》篇中记载了墨子的一段话:

世之君子欲其义之成,而助之修其身则愠,是犹欲其墙之成,而人助之筑则愠也。岂不悖哉!

这就是说,要实现天下之"义",就必须与自身的道德修养结合起来,否则,任何美好的理想都会流于空谈。为此,就必须勇于承认自身修养方面的不足,对于他人的逆耳忠言要从善如流。

墨子还说:

必去六辟。默则思,言则诲,动则事,使三者代御,必为圣人。必去喜,去怒,去乐,去悲,去爱,而用仁义。手、足、口、鼻、耳,从事于义,必为圣人。

即一定要排除掉那些偏离天下六"义"的邪僻感情,从而全身心地投入到实现天下公义、公利的事业之中。为此,就更有必要随时随地地进行个人的道德修养:静处时就去冷静思索怎样去恶为善,开口说话就要像教诲学生那样择善而言,行动做事就致力于实现正义的事业。语默动静皆不离道德修养,则就必然可以使自身的手、足、口、鼻、耳皆符合于"义"的标准。果然做到了这一点,那就是圣人了。

(5) 义不鬻爵

墨子一生清贫,但也并非不知高爵厚禄的好处。雏(一作"刍")豢悦口,锦绣愉身,自是人之常情。然而,在天下大义、人民公利的面前,墨子真正做到了孟子所谓的"富贵不能淫,贫贱不能移"。在他的一生中,有过多次升官发财的机会,但都因为他认为这不符合他所谓"义"的标准而一一放弃了。而其众多门徒也在他言传身教、以身作则的榜样力量作用下,深得其精髓。墨子曾把他的许多学生推荐到各国去从政做官,但目的绝不是求得仕途腾达和荣华富贵,而是为了推行"兴天下之利,除天下之害"的墨家主张。如果这些主张不被当政者采纳,就义无反顾地向义而背禄,放弃高官厚禄。这样的事例在古代史籍文献特别是《墨子》一书中多有记载。

谢绝越封

据《墨子·鲁问》记载,墨子曾派遣公尚过前往越国推行自己的主张。

公尚过游说越王后,越王非常佩服,便对公尚过说:"先生假如能让墨子亲自到越国教导我,我愿意把过去夺取自吴国的土地中的五百里封给墨子。"公尚过答应了他的请求。于是,越王便给公尚过安排了50辆马车,让他前往鲁国迎接墨子。

到了鲁国,公尚过禀告墨子说:"我用老师的学说劝说越王,越王非常高兴,一定要请先生亲自出马,到越国去面见他。他还许诺,如果先生答应的话,他愿意将以前夺自吴国的土地中的五百里封给您。"

墨子对公尚过说:"你观察越王的心志怎么样?假如越王将听从我的言论,采纳我的学说,那么我将前往。至于封地云云,则我从来都是按着食量吃饭,按着身材穿衣,根本不需要那些身外之物。假如越王不听从我的言论,不采纳我的学说,而我去了,那我就是把'义'给出卖了来换高官厚禄了。如果我要出卖'义',早在中原国家就卖了,何必大老远跑到越国去呢?"

拒受楚禄

据唐余知古《渚宫旧事》卷二记载,公元前439年,楚惠王在位50周年,墨子专程赶往楚国,把自己的著作献给楚王,以期楚王采纳自己的主张。

楚王读完墨子的著作之后,尽管不得不承认墨子的书是好书("良书"),但并不打算真正实行墨子行义的主张。便顾左右而言他道:"我虽然不能得到整个天下,却非常乐意奉养天下贤人。如果先生愿意留在我的宫中,我给您百钟俸禄。不知先生意下如何?"

楚惠王封书社五里的厚禄,没有动摇墨子坚持自己学说的决心,毫不犹豫地拒绝封地。

墨子正色答道:"贤人进言给王者,如果自己的道理不被实行,就决不接受赏赐;自己的学说不被采纳,就决不俯首称臣。您既然不打算实行我书中的道理,那就让我走吧!"

于是,楚王以年老为借口让大臣穆贺送行。墨子出宫之后,楚国的一位地方封君鲁阳文君对楚王说:"墨子是北方有崇高声望的圣人,你不给予他足够的礼遇,这会让天下贤士寒心的。"于是楚王便让鲁阳文君追回墨子,并表示要将书社五里之地分封给墨子,享受封君的特权。但墨子仍然坚辞而去。

义辞卫封

墨子不以义鬻爵的高尚气节与情操,也深深地影响着他的追随者。《墨子·耕柱》篇即记载了一个墨家弟子义辞封爵的故事。

为了推行自己的学说,墨子也鼓励自己的弟子去各个诸侯国出仕。有一次,墨子让弟子管黔到卫国,荐举另一名弟子高石子在卫国做官。卫君早就知道墨子的德行,便给高石子很高的待遇和俸禄,并安排他在卿的爵位上。高石子就任后,三次朝见卫君,都竭尽其言,极力陈说墨家大义,鼓动卫君采纳实行,但卫君却毫不为其所动。于是,高石子离开卫国,回到墨子身边。

高石子如实向墨子陈述了他在卫国的情况,解释了他之所以不受卫国封爵继而离开卫国的原因。毕竟,他去卫国出仕为官,也是老师墨子的意见,所以他对此也甚为不安;同时他还有另一层担心,他对墨子说:"我辞决卫国的封爵与厚禄,不知卫君会不会以为我发疯了,从而影响先生您的声誉令名呢?"

墨子对高石子说:"离开卫国,假如符合道的原则,即使有人指责你发疯了又有什么不好?古时候周公旦驳斥关叔,辞去三公的职位,到东方的商奄生活,旁人都说他发狂,但是后世的人却称誉他的德行,颂扬他的美名,直到今天仍然如此。况且我听说过:'行义,就不能回避诋毁而追求称誉。'离开卫国,假如符合道的原则,承受发疯的指责有什么不好?"

高石子这才放下心来,说:"我离开卫国,何敢不遵循义的原则!以前老师说过:'天下无道,仁义之士不应该处在厚禄的位置上。'现在卫君无道,而我若贪图他的俸禄和爵位,那么,我就成了只图吃人家的米粮的宵小之徒了。"

墨子听了高石子的此番言论,非常欣慰,就特地把禽滑厘召来,说:"姑且听听高石子的高论吧!我常常听到有人违背道义而向往俸禄,但今天,我在高石子这里见到了拒绝俸禄而向往道义的典范!"

怒斥胜绰

据《墨子·鲁问》篇记载,齐国曾经试图攻打鲁国,墨子以大国攻打小国是互相残害,灾祸必定反及于本国为理由,说服齐国大将项子牛罢兵。虽然齐国这次兴兵由于墨子的上下奔走游说,总算平息了事态,但墨子看到项子牛骄横跋扈,难免将来再生事端。为了节制齐国对鲁国的进犯,墨子决定派遣他的弟子胜绰去做项子牛的幕僚,以便能够随时规劝项子牛。

遗憾的是,胜绰拿了齐国的厚禄,就将墨子非攻行义的思想抛到了脑后。项子牛三次兴兵进犯鲁国,胜绰三次都随从了他。墨子听说后,便立即派弟子高孙子去请项子牛辞退胜绰,高孙子转告墨子的话说:"我派胜绰到齐国做官,本意是让他阻止骄气,纠正邪僻。现在胜绰得了厚禄,却再三欺骗你,你三次入侵鲁国,胜绰三次跟从,这是在助纣为虐,无异于在战马的当胸鼓鞭。有道是:'口称仁义却不实行,这是明知故犯。'胜绰不是不知道,他只是把俸禄看得比行义还重。"

墨子怒斥胜绰,并掀掉了他的顶上"乌纱",正是因为他见利而忘义,这也从反面见证了墨子不以义鬻爵的高风亮节。

(6) 舍身取义

匈牙利诗人裴多菲"生命诚可贵,爱情价更高。若为自由故,两者皆可抛"的著名诗句,曾经是激励无数热血青年追求进步与自由的至理名言。在这个西方诗人心目中,这个世界上有比生命更为重要的东西,这就是自由。而早在两千多年前,墨子也指出了一种比生命更为宝贵的东西,那就是作为天下公利的"义"。

在墨子那里,"义"不仅是任何高官厚禄都换不来的"天下之良宝",更是在必要之时值得人们用生命来捍卫的最高价值。在《墨子·贵义》篇中,墨子曾说:"万事没有比义更珍贵的了。假如现在对别人说:'给你帽子和鞋,但是要砍断你的手、脚,你干这件事吗?'那人一定不干。为什么呢?因为帽、鞋不如手、脚珍贵。又说:'给你天下,但要杀死你,你干这件事吗?'那人一定不干。为什么呢?因为富有天下不如人的生命更珍贵。但是,因为争辩一句话而至杀身者却是存在的,因为,义比人的生命更重要。"这里,墨子所谓的"争一言而相杀"即因为争辩一句话而至杀身,决不是指意气用事、一时冲动的匹夫之勇,而是为了捍卫"义",捍卫天下公利而做出的勇敢牺牲。某种意义上,这也与儒家"舍身取义"、"杀身成仁"的思想同日而语。

当然,"舍生取义"并不仅仅是墨子及其弟子们上说下教的豪言壮语,而且更见诸他们的实际行动中。在关键时刻,墨家学派的成员人人都能挺身而出、视死如归,为实现"兴天下之利,除天下之害"的理想和宗旨贡献出全部的力量或生命。以"赴火蹈刃,死不还踵",来描述墨家为了天下公利舍生忘死的牺牲精神,可谓贴切之至。

义的表现当然不止是舍生,但悲壮的死却实实在在是义的极致,还有什么比生命的终结更令人痛惜的呢?

《吕氏春秋·上德》篇记载了一场荡气回肠的殉义壮举,虽字数寥寥,但读之令人扼腕动容。

孟胜据说是继禽滑厘之后的第三位墨家首领("巨子"),他与楚国的一个小诸侯阳城君曾经结下了深厚的友谊。鉴于墨家"善守"的声誉,阳城君在前往楚都郢城与其他70余家楚国地方封君密谋除掉大将吴起之前,把自己的城邑交给了孟胜来守卫。二人毁玉璜以为符信,相约两符相合才可另行决断。

然而尽管阳城君等地方封君的此次行动杀掉了吴起,但也因射向吴起的乱箭伤及了楚王的尸身而获罪,此罪罪不容赦,且株连三族,因为据楚国法律规定:"丽(加)兵(即兵器)于王尸者,尽加重罪,逮三族。"于是,阳城君选择了匆忙出逃。

面对前来讨伐的楚国大军,恪守"言必信,行必果"墨家大义的孟胜,在没有另一半保存在阳城君手中的符信的情况下,只能选择当时的承诺,死守阳城。由于双方实力过于悬殊,使得此次守御形同赴死。因此,有一个名叫徐弱的墨者就质疑这种牺牲的价值,他说:"如果我们的牺牲能够有益于阳城君,那么我死而无憾;但如果我们战死却改变不了任何东西,反而要使本来就所剩不多的墨者归于灭亡,这样的事,我认为不妥。"孟胜的回答斩钉截铁:"我于阳城君,非师则友,非友则臣。如果我不信守诺言而死战,则天下之人就再也不会把我们墨者当作严师、贤友和良臣了,果真如此,那么,我们虽然得以苟活,肉身得以延存,但墨家的真精神早已荡然无存!当今我等唯有一死,方才是践行墨者之义从而接绪墨家大业的行动。更何况,宋国的贤人田襄子可以接替我做墨家巨子,有他这样的贤人在,墨家怎么会就此灭亡呢?"于是,徐弱毅然道:"先生所言确实符合墨家之义。既然如此,请让徐弱先死,为先生在黄泉开道吧!"说罢便毫无惧色地撞墙身亡。孟胜在委派两名墨者前往宋国,传达传巨子之位给田襄子的命令之后,便率领180多名墨者死战阳城,最终全部殉城就义。而那两位赴宋国传达命令的墨者,在完成任务之后也义无反顾地返回阳城,慷慨赴死。

墨家180多人死难阳城的悲壮事件,固然有忠友忠君的传统"士为知己者死"的悲剧色彩,但我们看到更多的是那种为了行墨子之义、接绪墨家大业而死的无畏无私的精神。这是一种为了一种主义的牺牲,这和墨子本人提倡的"舍生取义"的精神是息息相通的。

(三) 儒门"叛徒"

如前所述,战国至秦汉相关文献评介先秦显学时,往往儒墨同称、孔墨并举。其实,近代学人亦多有"儒墨相用"之说。这种情形与墨子的思想渊源息息相关。从传世文献记载与《墨子》文本主体论域看,墨子极有可能原出儒门,其思想的形成与儒家有明显相因相承的一面,但从每一论题的具体观点和结论看,墨子与儒家又多是针锋相对甚至水火不容。儒家所要解决的诸多课题,都是墨子一生所批判反思的课题。这一点,既是我们了解墨子其人的关键,也是我们进入《墨子》总体思想的最佳切入点。

1. 受业于儒

早在春秋时期,随着社会结构的大调整,一向被传统贵族垄断的所谓"官学"也随之衰落,开始走向民间,"天子失官,学在四夷",社会上出现了学术知识逐步下移的局面。

古代知识本为贵族专利,各类专业知识都垄断在贵族官员手中,此即所谓的"官学"。但由于春秋之世社会结构的大调整,使得官学随着一部分贵族的没落而流散,于是,大量原本为贵族垄断的专业知识进入民间,使得下层的平民有了接受这些专业知识的机会,从而在社会中形成一个由没落的贵族成员和新进平民组成的阶层,这就是在春秋战国时代叱咤风云的"士"阶层。他们"上无君上之事,下无耕农之难",四处奔走游说,兴办私学;加之新兴统治阶级因竞争需要而出现的对人才的渴求,从而在社会上掀起了一股追求知识学问的热潮。春秋末年的私学讲学规模已经有了相当的发展。相传孔子创办的私学就有弟子三千,身通"六艺"者72人,这在当时恐怕是最大的求学团体,其影响自然非比寻常,这就是影响中国社会两千多年最为有力的学派:儒家学派。

家道早衰、自称贱人的墨子之所以有了受教育的机会,应该正得益于这一思想知识演进的大格局。而据《淮南子·要略训》记载,墨子早年接受的教育,正来自于孔子开创的儒家"墨子学儒者之业,受孔子之术"。

当然,墨子和孔子并不同时,他不可能直接从孔子那里受到教育,我们根据对《墨子》一书中关于墨子与儒门弟子交往、论辩的大量记载推测,他极有可能曾从学于孔子的一位再传弟子或与其同时代的儒家学者。但这位再传弟子或儒家学者究竟是谁尚不清楚,不过根据《吕氏春秋·当染》篇的记载,他可能是精通古代宗庙礼仪的史角的后人:"鲁惠公使宰让请郊庙之礼于天子,恒王使史角往,惠王止之。其后在于鲁,墨子学焉。"史角是春秋时周天子的郊庙之官,专司祭祀礼仪,一贯注重周礼传统的鲁国将举行郊庙祭祀活动,便将史角特地从周天子那里恭请而来,并最后把他留在了鲁国。此后他的后代便定居于鲁国,墨子应该就是跟随其中一位学习儒学的。

早期儒家的教育都是以礼、乐、射、御、书、数,即"六艺"作为基本课程,同时以《诗》《书》《礼》《易》《乐》《春秋》六部经典,即"六经"作为基本教材的。"六艺"主要侧重于六种技术能力的掌握,而"六经"则主要侧重于六种理论知识的掌握。

而墨子早年学习的内容应该就包括了以上这些技术知识。《淮南子·主术训》即认为,墨子和孔门弟子一样:"皆修先圣之术,通六艺之论",说明他是一位身通"六艺"之人。

不仅精通"六艺",墨子对"六经"也是相当熟悉且极有心得的。这从《墨子》一书中可以清楚地看出,《墨子》书中对《诗经》《尚书》中的文字多有引述,而《春秋》中的人物典故也随处可见。同时,对于"六经"中记载的尧、舜、禹、汤、文、武、周公等古代圣王,墨子也是再三致意,多次表达其推崇景仰之情。当然,墨子对于"六经"记颂娴熟,达到随口征引的地步,这与他自身的好学、勤学有关。如同孔子的"博学多闻",庄子亦曾说墨子"好学而博"(《庄子·天下》),诚如斯言。

《墨子·贵义》篇记载的一个故事颇能说明问题:墨子南游到卫国去,车中装载的书非常多。他的学生弦唐子见了之后好生奇怪,便问道:"老师您曾教导公尚过说:'书不过用来衡量是非曲直的工具罢了。'那么,现在您带了这么多书,又有什么用处呢?"墨子说:"过去周公旦早晨读一百篇书,晚上见七十士。所以周公旦得以辅助天子,而他的美善嘉德也传到了今天。我上没有承担国君授予的职事,下没有耕种的艰难,如何敢抛弃这些书呢!"墨子以西周初年政治家周公为榜样,在出游的路上也不敢荒废读书。可见墨子确实是把刻苦读书、勤奋钻研作为自己的本分的。

不过,随着墨子对于儒家学问的研习的深入,他凭着平民出身对于理论与现实关系的高度敏感,日益发现了儒家、特别是儒家后学教条化之后的思想的局限性和弊病,从而转向了批判儒学的立场。也正是在逐步深入批判儒学的过程中,墨子的思想渐渐彰明且成熟起来。某种意义上说,不理解儒家的思想,也很难领会墨子思想学说的真正意义。

2. 叛出儒门

据《淮南子·要略》的记载,墨子对于儒学的反对是从他对"儒家的繁饰礼仪不仅无助于救世,而且劳民伤财"的认识开始的:

> 墨子学儒者之业,受孔子之术,以为其礼烦扰而不说,厚葬靡财而贫民,(久)服伤生而害事,故背周道而用夏政。

显然,墨子对于儒家的批判,是建立在入乎其中、对其理论有深入理解的基础之上的,同时,这种批判也决不是墨子为了自立门户而排斥异端的结果。相反,这种批判是完全建立在维护广大劳苦人民的利益的立场之上的。换言之,匡时救世,是墨子叛出儒门的根本动机和最终目的。所以,墨子对那些繁缛的礼节及厚葬久丧之陋习深恶痛绝,并予以全面的抨击。与儒家推崇西周的典章制度不同,墨子高度赞扬夏朝的建立者大禹的自苦行义精神,这就是所谓"背周道而用夏政"。

应该说,儒墨两家都是针对同样的社会问题即春秋以来"礼坏乐崩"的社会乱局而生,也都希望通过政治、人伦的改造,达到变革社会,救治天下的目的。但是两者对于如何救世的方法和途径却有很大的不同,后来两家的相互驳难愈演愈烈,甚至到了水火不容的地步。

如果说,儒家礼乐烦琐而扰民、劳民,伤财害事,这是墨子最终走向反对儒家立场的契机,那么在后来他与儒门弟子程子的对话中,他进一步揭示了儒家"足以丧天下"的四种政治主张,即:儒家不信天鬼、厚葬久丧、弦歌鼓舞、相信天命(《墨子·公孟》)。当然,如果我们深入到《墨子》之中,便会发现还有很多截然不同之处,某种意义上说,墨子与儒家几乎在每一种重要主张上都是针锋相对的。也正因为如此,墨家被后来的大多儒家代表人物视为水火不容的异端,从孟子、荀子直至理学宗师朱熹,莫不如此。或许这也正是墨家自汉代后湮没无闻、由"显学"而成为"绝学"的最大原因。毕竟,儒家正是在汉代,才成为帝制中国意识形态的主导学说的。

根据前人的概括和我们的总结,我们可以看到,墨子思想至少在以下几个方面,与儒学具有明显的不同。

第一,儒家亲亲,墨家兼爱。

所谓"亲亲",就是根据血缘关系的远近来决定付出道德情感的多少。《礼记·丧服小记》对"亲亲"有一个比较具体的解释:

> 亲亲,以三为五,以五为九,上杀,下杀,旁杀,而亲毕矣。

所谓"杀",就是"减"的意思。"上杀",是由父到祖父,再到曾祖父,再到高祖父,共四世而结束血缘关系,一层远于一层,彼此的感情也层层递减。"下杀"则是由子到孙,再到曾孙,再到玄孙,血缘关系和情感也层层递减。"旁杀"则是由亲父到亲兄弟,由亲祖父到亲从父兄弟,由亲祖父到亲从祖父兄弟,一直到亲高祖父到从族昆弟,其血缘关系和彼此情感也是层层递减而至穷尽。"亲亲"是儒家宗法伦理的重要内容。而墨子则反对宗法制度,主张打破血缘关系上的远近亲疏之别,呼吁无差别的博爱,他认为唯有如此,才能打破大国攻小国、大家篡小家、强凌弱、众暴寡、诈谋愚、贵傲贱的社会不平等格局,这就是他所谓的视人如己的"兼爱"。

第二,儒家尊尊,墨家尚贤。

宗法制度体现在血缘关系是一种提倡差等关系的"亲亲"原则,体现在政治方面则为一种等级政治,即"尊尊"。"尊尊"指处于社会等级的低位者,都应该尊敬、服从居于高位者。孔子严辨君子、小人,孟子区分劳心、劳力,都是崇尚"尊尊"原则的例证。所以,尽管他们也主张任用贤才,但无不受到宗法格局的限制,往往使出身贵贱问题,主导了贤才的选拔。而墨子则明确提出如下尚贤主张:

> 虽在农与工肆之人,有能则举之。高予之爵,重予之禄,任之以事,断予之令。

这就将选才的范围扩大到了农夫、百工阶层。

第三,儒家繁饰礼乐,墨家非乐节葬。

对于儒家而言,不仅将礼乐视为其敦化世道人心的根本手段,更将实现礼乐政治作为其最大的理想。但究其底里,礼乐制度本身是维护"亲亲"、"尊尊"差序格局的前提。所以荀子说:

> 制礼义以分之,使有贫富贵贱之等,足以相兼临者,是天下之本也。(《荀子·王制》)

同时,作为"礼"的一个重要组成,丧葬活动在儒家那里亦得到高度重视。在儒家看来,丧葬既可达到慎终追远的目的,又可体现现实社会等级的差别,因此特别强调厚葬久丧,孔子即说:

> 子生三年,然后免于父母之怀。夫三年之丧,天下之通丧也。(《论语·阳货》)

而对于墨子而言,因为根本上反对世袭的等级制度,所以他只看到礼乐的经济后果,而将礼乐视为旷费时日、劳精伤神、徒费钱财的"无用

之举",必须予以废弃:

> 民有三患,饥者不得食,寒者不得衣,劳者不得息。三者,民之巨患也。然即当为之撞巨钟、击鸣鼓、弹琴瑟、吹竽笙而扬干戚,民衣食之财,将安可得乎?即我以为未必然也。(《墨子·非乐上》)

而对于厚葬久丧,墨子认为它既费钱财,又败男女之交,因此也不利于人口的正常增长,因此专门作《节葬》一文予以反对。

第四,儒家耻言功利,墨家义利并重。

儒家以道德为人之天然情感,属于内心的本然"善端",那么,就与外在的功利考量无关。不仅如此,过多的功利考量,恰恰是道德的对立面,所以儒家往往只言施与,不言回报。孔子即说:

> 君子喻于义,小人喻于利。(《论语·里仁》)

墨子重义,甚至自苦行义,自有其超功利的一面,但他并不耻言功利,相反,他还将"利"提高到了相当高的地步:

> 仁人之所以为事者,必兴天下之利,除去天下之害,以此为事者也。(《墨子·兼爱下》)

当然,墨子这里所谓的"利",乃是天下公利,而绝非一己私利。但儒墨两家对于"利"的态度差别,毕竟还是相当明显的。与儒家耻言功利相对,墨子每谈"兼相爱",必以"交相利"并提。

第五,儒家敬天远鬼,不言祸福;墨家尊天明鬼,专言赏罚。

儒家认为,道德行为的根据在于人的内心,而无关于天意鬼神,祸福全由自招。孔子说：

> 敬鬼神而远之，可谓知矣。(《论语·雍也》)
> 未能事人，焉能事鬼。(《论语·先进》)

都是将鬼神存而不论。孟子则云：

> 祸福无不自己求之者。(《孟子·公孙丑上》)

则是将人的祸福，限定在人自身的作为之上，而与天意鬼神绝缘。而墨子则从道德功效的角度，特别强调天志鬼神的赏善罚恶作用，如他说：

> 顺天意者，兼相爱，交相利，必得赏；反天意者，别相恶，交相贼，必得罚。(《墨子·天志上》)

当然，值得指出的是，墨子强调鬼神的赏善罚恶作用，更多的是针对约束统治者的行为而立论的，具有强烈的神道设教的色彩。

第六，儒家信命，墨家非命。

为了证明社会"亲亲"、"尊尊"的差序格局的合理性和永恒性，儒家以"天之所命"为根据。孔子说："唯上智下愚不移"(《论语·阳货第十九》)，子夏说："死生有命，富贵在天"，即是说人的贫富贵贱死生，都是天命所为，非人力可改变的事实。当然，儒家以此立说，也是为了突出强调道德的自主性、自为性。但毕竟，安命、顺命，确实是儒家思想的一个重要特色。孔子说："不知命，无以为君子"；孟子说："莫非命也，顺受其正。"(《孟子·尽心上》)等等，可以看出儒家对于

"命"的强调和重视。而墨子基于他反对等级制度的平民立场,强烈反对"命"的存在,认为"执'有命'者,此天下之厚害也"(《墨子·非命中》)。他担心,如果承认命运,则人就不会强力从事,为政者不从政,劳作者不劳作,社会必将趋于混乱。

通过以上几点,足以看出儒墨之间的巨大差别。考虑到墨子早年曾受过儒家教育,则墨子理论显然有与儒家针锋相对的倾向。当然,儒墨之间的对立和差别不仅于此,在《墨子》一书中,有不少墨子与儒家学者进行思想交锋的实例。如在《墨子·公孟》篇中,针对教育方式问题,墨子反对了儒家学者"君子若钟、不扣不鸣"的观点,提出要主动大张旗鼓地宣扬自己的观点;而对于儒家后学一味崇古、以"古言古服"为当然典范的情形,墨子提出是社会公义而非古今才是判别嘉言令行的标准;也正因此,墨子明确反对儒家"君子述而不作"的观点,主张应当"古之善者则述之,今之善者则作之",等等。

(四)墨家组织

与先秦诸家相比,墨家的一个显著特征就是拥有一个非常严密的、以"巨子"为首领,在其内部奉行严格的纪律的组织。而其组织在许多方面还体现出了类似宗教组织的特征。具体体现在以下几个方面。

1. 巨子为首

墨家的首领称为"巨子",下代巨子由上代巨子选拔贤者担任,代代相传,墨家众徒必须绝对服从巨子的命令,为实施墨家的主张,舍身行道。因墨家主张尚贤,巨子被认为是天下最具贤德、圣智、辩才之人。《庄子·天下》篇言:墨家"以巨子为圣人,皆愿为之尸。冀得为其后世,至今不绝",即是说,墨家巨子在其组织内拥有绝对的权威。《墨子·备梯》篇说禽滑厘子事侍奉墨子三年,"手足胼胝,面目鳌黑,役身给使,不敢问欲",即体现了这一点。并且后世的巨子为前世的巨子所指定,孟胜死难阳城时,即是指定宋国贤人田襄子为下一代巨子,而墨家子弟则无条件服从了这一指派。梁启超便将这一制度与各大宗教教主的产生方式相类比,他说巨子的选任制度"与基督教之罗马法王相类","又颇似禅宗之传衣钵也。"

2. 墨者之法

墨家组织内有严格的"墨者之法",且执法如山,不徇私情,即使巨子本人也不例外。《吕氏春秋·去私》篇记载,墨家"巨子"腹䵍的独生儿子杀了人,秦惠王因腹䵍年老无后,特加赦免。但腹䵍以"不可不行墨者之法"为由,大义灭亲。这足见墨者之法的严厉性。

3. 绝对服从

墨家组织内部的一切事务皆由巨子操控。对于墨家内部各弟子的行动,皆由巨子统一规划和指挥。即使是组织内部的成员到诸侯国去做官,也由巨子统一推荐、指派,如《墨子·鲁问》篇记载,公尚过去越国做官,即是墨子所委派,《耕柱》篇又有墨子派耕柱到楚国做官,另外还有高石子去卫国做官,曹公子去宋国做官,皆是由墨子亲自指派的。而且,巨子在墨家弟子做官前,往往还会派相关人员前去游说铺垫,如胜绰去齐国做官与罢官,都是由其弟子如高孙子等人前去游说的。而墨家弟子已经做官后,也时时受到墨家巨子的掌控。而在外派弟子辞官离开诸侯国时,也要回墨家总部陈述离开的理由。如《贵义》篇载"子墨子仕人于卫","所仕者至而反",要向墨子汇报辞官的原因。而如果派出的墨家弟子工作不力,则会迅速地将之召回,并严厉批评其工作不力的错误。如墨子怒斥胜绰并派人将其从齐国召回,即是因为他不仅工作不力,而且助纣为虐的缘故。而与之相应的是,墨家弟子对于首领"巨子"则是无条件的服从,即使"赴火蹈刃",也在所不辞。

4. 明确分工

墨家内部组织严明,其集团内部成员已经有了较为明确的分工。分工的原则是各尽所能、扬长避短:

> 譬若筑墙然,能筑者筑,能实壤者实壤,能欣者欣。(《墨子·耕柱》)

即就像从事筑城工程一样,能筑墙的人去筑墙,能填土的人去填土,能挖土的人去挖土,必须明确分工。而对其弟子,墨子将他们分为三类,"谈辩"类,负责游说诸侯、出仕为官,以推行墨家的政治理想;"说书"类,负责记录、整理墨子的言行思想,并以此教授后学,以发展、传播墨家思想;"从事"类,负责研究守御器械,帮助弱国守城卫地,以实现"兼爱非攻"的墨家理想。

5. 财产一体

墨家内部还实行一体化的经济制度。墨家成员本着"有力相营,有道相教,有财相分"(《墨子·天志》)的原则,要求出仕的墨家成员有义务缴纳部分薪俸给自己的集体。例如,耕柱子仕楚,一次捐献"十金",并对墨子说:

> 后生不敢死,有十金于此,愿夫子之用也。(《耕柱》)

由此可见,墨家弟子出仕后需要上缴薪金给巨子,以供墨家组织统一支配。这种经济一体化的措施,更进一步体现了其组织的严密性。

二 《墨子》其书

针对当时社会普遍存在的"大则攻小也,强则侮弱也,众则贼寡也,诈则欺愚也,贵则傲贱也,富则骄贫也"(《墨子·非攻》)的不公不义现象,墨子以绳墨自矫,高举"兴天下之利,除天下之害"的大旗,奔走于战国各大诸侯国之间,上说下教,枯槁不舍。在其中,我们可以清楚地看到他身上那种不惜吉苦乃至勇于牺牲的救世情怀。对于社会种种的丑恶和不平,墨子的救世情怀不仅强烈,而且急切。但是,墨子既不因其强烈而表现为过激地砸烂一切,也不因其急切而表现为匆忙的"头痛医头,脚痛医脚",相反,墨子将他的救世情怀,经过积淀、冷静、理智地深化为一系列认知,从而从表及里、由外入内,在各个层面上提出了自己对社会进行救治的主张。这一点,在墨家门人弟子追述其思想、言行的著作《墨子》中,体现得淋漓尽致。可以说,

孙诒让《定本墨子间诂》

理性自持、逻辑清晰、系统条理是《墨子》一书思想和论说风格的最突出特征。

本章将对《墨子》最具代表性的思想做一介绍,首先我们对《墨子》一书的版本源流及其基本结构做一总体介绍。

(一)《墨子》的版本与结构

《墨子》竹帛本

据今人考古所见,早在战国时期,《墨子》当有竹简本存世,根据李学勤《墨子佚文研究》,属于战国中期的河南信阳长台关一号楚墓出土的竹简中,即有十几支《墨子》残简;而蜀福颐考证,在临沂银雀山汉墓出土的四千多支竹简中,其有一支的文字"与《墨子·号令》相同",另有几支文辞"与(《墨子》)谈攻守者相似"。

而《墨子》一书最早被传世史籍提及,始见于作为西汉国家藏书目录的《汉书·艺文志》(以西汉刘向《七略》为基础删订整理而成),

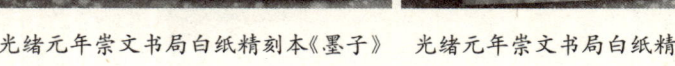

光绪元年崇文书局白纸精刻本《墨子》　　光绪元年崇文书局白纸精刻本《墨子》

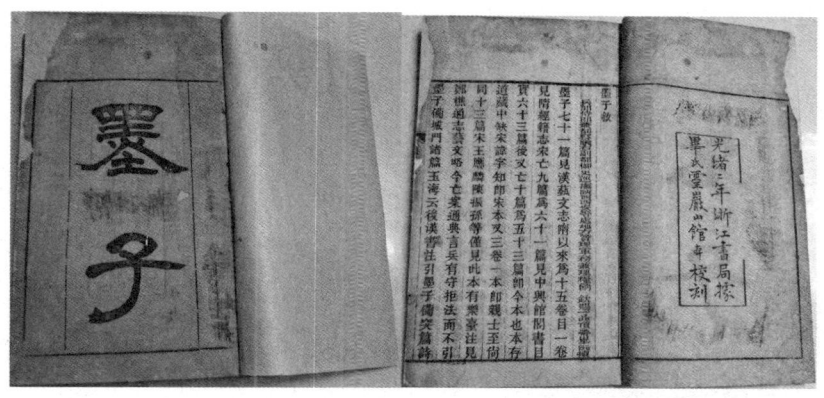

清书局精刻本《墨子》

著录71篇。从"71篇"的单位"篇"而非"卷"看,刘向所见的版本即为竹简本。当然,汉代简帛并行,学者普遍认为西汉末年应有刘向、刘歆父子在校勘竹简本《墨子》时用隶书抄录的副本,即卷帛本。东汉末董卓火烧洛阳,大量皇家藏书毁于一旦,西晋初年,荀勖奉召整理皇家图书,撰成《新簿》,记彧图书29945卷,其中就有卷本《墨子》。但经"惠怀之乱,其书略尽,后岁鸠集,淆乱已甚"。西汉卷本《墨子》今已无法窥其原貌。

从《隋书·经籍志》著录:"《墨子》十五卷,目一卷,宋大夫墨翟撰"开始,以后的《旧唐书·经籍志》《唐书·艺文志》《宋史·艺文志》均著录:"《墨子》十五卷,墨翟撰。"而据宋代《中兴馆阁书目》著录:"《墨子》十三篇",《通志艺文略》《直斋书录解题》《国史经籍志》皆著录:"《墨子》三卷。"显然又有新的版本出现,据宋廉《诸子辨》称:"《墨子》三卷,战国时宋大夫墨翟撰。上卷七篇号曰《经》,中卷、下卷号曰《论》,共十三篇。"可见在宋代有三卷13篇本和15卷并行于世,但均已不存。

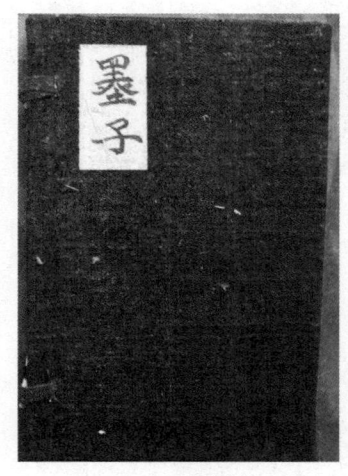

古籍善本《墨子》

今天所见最早的《墨子》版本,当为明代正统道藏本。该本成为明以后直至今天各家版本的直接祖本,弥足珍贵。该本收入《墨子》53篇,从目录看,相较《汉志》71篇少18篇。在佚失的18篇中,有9篇的目录尚存,分别为《节用下》《节葬上》《节葬中》《明鬼上》《明鬼中》《非乐上》《非乐下》和《非儒上》,另外10篇连目录也亡佚了。但不少学者认为,佚失的10篇都是关于守城器械和方法的论述,孙诒让考证其中6篇的篇目应是《备钩》《备冲》《备堙》《备空洞》《备蝚輼》《备轩车》。

从《墨子》一书的内容看,如同大多先秦典籍一样,传世的《墨子》文本大多皆为墨子的门人弟子或再传弟子等对墨子的言行进行总结、记录,并辗转抄写、传授而逐渐形成的。具体而言,可分为以下几类:

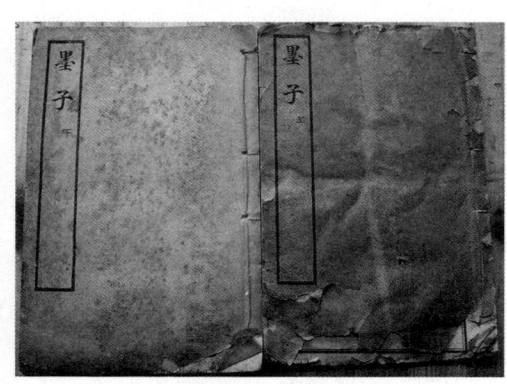

民国石印本《墨子》

从《亲士》至《三辩》等7篇,可称为"杂篇",因为7篇之间并无一个明确的主题。大体上都是对墨子思想特别是

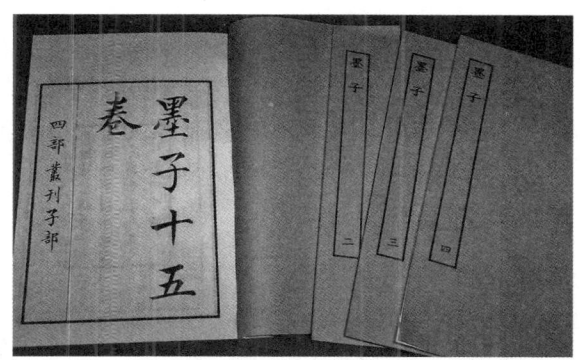

影印明嘉靖本《墨子》

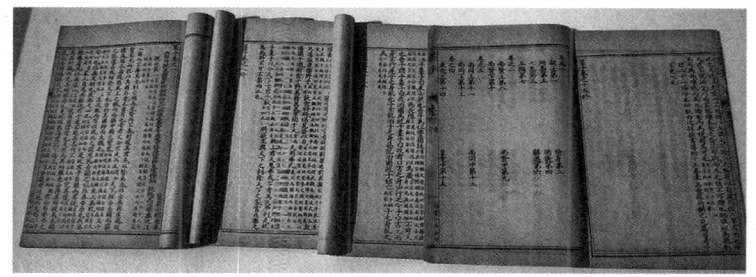

民国线装本《墨子》

"墨家十义"的敷衍发挥；

从《尚贤上》至《非儒下》，共32篇，属于"专论"，涉及11个中心论题，除"非儒"分为上下两篇，且涉及学派之争外，其余10个论题皆分上、中、下3篇，乃是《墨子》一书的核

墨子救宋

心部分，用以阐明墨子的基本思想即"墨家十义"。值得一提的是，每个论题的上、中、下3篇，从内容上看皆大同小异，可能是"墨分为三"之后墨家三派由于抄写、传授各有系统而各有所本所致。

从《经上》至《小取》6篇，称为"墨辩"或"墨经"。有关该6篇的作者一直众说纷纭,至今难有定论。"墨辩"6 篇主要涉及有关逻辑学、伦理学、几何学、光学乃至机械学等在汉代以前甚少论及的问题,语言简练,逻辑谨严,在古代中国特别是先秦时期可谓极具特色。

从《耕柱》至《公输》,共 5 篇,大体上都是有关墨子言行的记录,也是今人梳理墨子生平的第一手资料。

从《备城门》至《杂守》等 11 篇,主要记述的是墨家守城的技术及相关器械的制作等,可以称之为"墨技",也正因此,《汉书·艺文志》把这 11 篇列入兵技巧家。

在《墨子·鲁问》篇中,有一段墨子与其弟子魏越的对话,非常精炼地概括了墨子有关救世施政的 10 项主张,被后世称为"墨家十义":

子墨子游,魏越曰:"既得见四方之君,子则将先语?"子墨子曰:"凡入国,必择务而从事焉。国家昏乱,则语之尚贤、尚同;国家贫,则语之节用、节葬;国家憙音湛湎,则语之非乐、非命;国家淫僻无礼,则语之尊天事鬼;国家务夺侵凌,即语之兼爱、非攻。故曰:择务而从事焉。"

可见,墨子的救世主张绝不是凭空臆说,而是经过深思熟虑从而有着相当强的针对性的,也正是因为如此,他和他的追随者们才能以一种近于宗教献身的精神投身于救世的行动中去。在墨子看来,到一个国家进行游说,首先必须选择最重要的问题进行劝导。假如一个国家昏乱,就告诉他们尚贤尚同的道理;假如一个国家贫穷,就告诉他们应当节用节葬;假如一个国家喜好声乐、沉迷酒色,就告诉他们非乐非命的好处;假如一个国家荒淫、怪僻、不讲究礼节,就告诉他们尊天事鬼;假如一个国家以欺侮、掠夺、侵略、凌辱别国为能事,就告诉他们兼爱、非攻的益处。可以说，墨子的绳墨自矫、自苦行义，就是建立在以上这些认识的基础之上的。而《墨子》一书的主体部分，就集中针对上述10项主张展开。本书对于《墨子》思想的介绍，亦将以"墨家十义"为主题。除此之外，墨子的科学与逻辑思想，也是其对于中国传统文化的独特贡献，不容忽视。

（二）节用、节葬与非乐

上一章我们谈到，墨子"叛"出儒门的直接原因，在于他认识到儒家的繁琐礼仪扰民生息；主张厚葬，浪费钱财从而使人民困穷；服丧时间太长，不仅不利人民身心健康，而且还干扰正常的生产生活的开展等等。正是有鉴于此，墨子针锋相对地提出了"节用"、"节葬"、"非乐"等主张，从而揭开了自立新说、自立门派的第一幕。

"节用"、"节葬"、"非乐"等观念的提出，确实在先秦诸子百家中可谓独树一帜，因此，也成为墨家之所以为墨家的一个重要特征。后世对于墨家的评价，往往首先想到的就是他的上述观点。

如《庄子·天下》篇就说："墨子独生不歌，死无服，桐棺三寸而无椁，以为法式"、"其生也勤，其死也薄，其道大觳；使人忧，使人悲，其行难为也"；《荀子》中《富国》《解蔽》等篇所谓的"私忧过计"、"瘠墨"以及"蔽于用而不知文"、"役夫之道"等；司马谈《论六家要旨》所说的墨家"俭而难遵"、"强本节用，则人给家足之道也。此墨子之所长，虽百家弗能废也"；《汉书·艺文志》所说的"茅屋采椽，是以贵俭"，无不由墨子的"节用"、"节葬"、"非乐"等观念来评价墨家学说的。值得指出的是，《史记》在现存短短24个字介绍墨子生平、思想的文字中，只有六字提及墨子的思想主张，其中即提到了"节用"："善守御，为节用。"

墨子对"节用"、"节葬"的刻意强调，应当与他的平民出身以及他一生都坚守的"贱人"立场有关。正是站在社会底层的立场上,才能使墨子对于王公贵族们穷奢极欲、挥霍无度、糜烂腐化的生活有着比先秦其他思想家更为敏感、刻骨的感知。也正是站在维护广大劳苦民众利益的立场上,他不仅深深地同情百姓"饥不得食,寒不得衣,劳不得息"的疾苦,更提出了一系列消除社会利益分配不公以恤民瘼、利民生的主张。

1. 节用

以"兴天下之利,除天下之害"为志的墨子,对于社会上层花天酒地、纸醉金迷、玉衣锦帛、雕车画舟的腐化奢靡生活,有着非常深刻的认识。在《墨子》一书的《辞过》《七患》《节用》《节葬》等多篇文章中,对于统治阶层的穷奢极欲有大量的揭露。以《辞过》篇为例:

当今之主,其为宫室,……必厚作敛于百姓,暴夺民衣食之财,以为宫室,台榭曲直之望,青黄刻镂之饰。为宫室若此,故左右皆法象之。

当今之主,其为衣服,……冬则轻煖,夏则轻凊,皆已具矣,必厚作敛于百姓,暴夺民衣食之财,以为锦绣文采靡曼之衣,铸金以为钩,珠玉以为珮。女工作文采,男工作刻镂,以为身服。

(当今之主),……厚作敛于百姓,以为美食刍豢,蒸炙鱼鳖,大国累百器,小国累十器,前方丈,目不能遍视,手不能遍操,口不能遍味,冬则冻冰,夏则饰。

当今之主,其为舟车,……全固轻利皆已具,必厚作敛于百姓,以饰舟车。饰车以文采,饰舟以刻镂。

当今之君,其蓄私也,大国拘女累千,小国累百。

显然,"当今之主"的社会统治阶层,从衣食住行男女的各个方

面,都是极尽奢侈靡费之能事。而这一切,又无不都是从百姓那里横征暴敛而来("厚作敛于百姓")。其直接结果便是:

使民劳,其籍敛厚,民财不足、冻饿死者,不可胜数也。(《墨子·节用上》)

其最终结果便是:

欲国无乱,不可得也。(《墨子·辞过》)

墨子认为:

俭节则昌,淫佚则亡。(《墨子·辞过》)

为了限制乃至制止统治者的横征暴敛、穷奢极欲,墨子制定了一套颇为系统的"节用之法"。它的基本宗旨是:

是故古者圣王制为节用之法……曰:凡足以奉给民用,则止。诸加费不加于民利者,圣王弗为。

这就是说,一切用度,只要能够满足人民基本的物质生活需要就可以了,如果超出此限度,只是增加费用,而不是有利于民众需要的,则一概不做。可见,墨子的"节用之法",正是以"兴天下之利,除天下之害"为最终的衡量标准的。"凡足以奉给民用,则止。诸加费不加于民利者,圣王弗为"这句话,在《节用》篇中反复多次出现,可谓一唱三叹,足见墨子对于此一基本宗旨的高度重视。

针对统治阶层在衣食住行男女等各个方面的奢侈靡费,墨子的"节用之法"也正是围绕着衣食住行男女展开,其涉及范围应该说基本涵盖了社会日常生活的各个方面。

(1) 衣服之法

《墨子·节用中》篇提出了有关衣服的节用标准:

古者圣王制为衣服之法,曰:"冬服绀緅之衣,轻且暖;夏服絺绤之衣,轻且清,则止。"诸加费不加于民利者,圣王弗为。

《辞过》篇亦提出了类似的标准:

为衣服之法,冬则练帛之中,足以为轻且暖;夏则絺绤之中,足以为轻且清,谨此则止。故圣人之为衣服,适身体,和肌肤,而足矣。非荣耳目而观愚民也。

这就是说,人们应该在冬天穿生丝麻制的衣服,以求其轻便而温暖;夏天穿葛制的衣服,以求其轻便而凉爽,仅此而已。总之,穿衣只要大小合适、肌肤舒适就够了,绝对不能作为夸耀耳目、炫动视听的资本。

墨子的"衣服之法"对于那些向百姓横征暴敛,强夺民众的衣食之资,用来做鲜艳华丽的衣服,并用女工文采、男工雕刻、黄金珠玉作为衣钩、佩饰的统治阶层来说,确实是具有极强针对性的。但对于成日衣不蔽体的劳苦大众而言,则无疑是一种争得合理生存权利的正义呼声。

(2) 饮食之法

《墨子·节用中》篇云:

圣王制为饮食之法,曰:"足以充虚继气,强股肱,耳目聪明,则止。不极五味之调、芬香之和,不致远国珍怪异物。"

《辞过》篇亦提出了类似的标准:

圣人作,诲男耕稼树艺,以为民食。其为食也,足以增气充虚,强体养腹而已矣。

这是说,通过人们的耕稼栽种等生产劳作活动,来提供饮食。饮食的基本原则是,只要达到补气益虚、强身饱腹,使人耳聪目明的目的就足够了。根本没必要穷极五味的调和与芳香,更不需要引进远国的山珍海味。

为了说明这一点,墨子还讲述了古代圣王尧的故事作为证明。他说,古时尧帝治理天下,南面安抚到交阯,北面降服到幽都,东面直到太阳出入的地方,没有谁敢不归服他。就是如此伟大的圣王,他的饭食也没几种,而且还用土镏吃饭,用土铏喝汤,用木勺饮酒,至于现在有些王公大人吃饭时搞的那些俯仰周旋之类的礼仪,根本不会去做(《墨子·节用中》)。

(3) 宫室之法

《墨子·节用中》篇云:

然则为宫室之法,将奈何哉?子墨子言曰:"其旁可以圉风寒,上可以圉雪霜雨露,其中蠲洁,可以祭祀,宫墙足以为男女之别,则止。"诸加费不加民利者,圣王弗为。

《辞过》篇亦提出了类似的标准:

为宫室之法,曰室高足以辟润湿,边足以围风寒,上足以待雪霜雨露,宫墙之高,足以别男女之礼,谨此则止。

墨子认为,古代人类产生之初,还没有宫室的时候,都是依着山丘挖洞穴而居住。圣人对此忧虑,认为挖的洞穴虽然在冬天可以避风寒,但一到夏天,下面潮湿,上面热气蒸发,恐怕伤害百姓的气血,于是建造房屋来便利他们。这也就是房屋之所以得以产生的根本功用。所以建造宫室的基本原则就应该是:房屋的四壁足以抵御风寒;屋顶足以防御雪霜雨露;屋里清洁,可供祭祀;墙壁的高度足以分隔内外,使男女有别就可以了。至于现在的王公大人们,亭台楼阁、曲榭苑廊、雕梁画栋,绝对是靡费民财、虚耗国库的不义不智之举。

(4) 舟车之法

《墨子·节用中》篇述"舟车之法"云:

车为服重致远,乘之则安,引之则利,安以不伤人,利以速至,此车之利也。古者圣王为大川广谷之不可济,于是利为舟楫,足以将之,则止。

《辞过》篇亦提出了类似的标准:

故圣王作为舟车,不便民之事。其为舟车也,全固轻利,可以任重致远,其为用财少,而为利多,是以民乐而利之。

可见,对于车、船等交通工具,墨子提供的标准也很简单,只求坚固轻便,可以运重物、行远路,经济、安全、便利、稳定、迅捷,就完全可以了。至于现在王公大人们的那些画舫花车,只是徒有其表,徒费人财物力,而无实用之利。

显然,墨子的"节用之法"并不是讲给天下百姓听的,相反,他是站在维护天下百姓利益的立场上,借古代圣王之口,讲给当时的王公大人们听的。他要求那些穷奢极欲的王公大人们向古代圣王学习俭朴的生活作风,关心天下百姓疾苦,节约社会财富,以保证穷苦百姓最基本的物质生活需要。因此,墨子节用之法的提出,绝对不是像有些学者所说的,是要"把人民的生活限在极苟简的阶级"、"只求他们冻不死、饿不死"①而已。

同时,墨子"节用"并不仅仅是通过"去无用之费"即减少不利于民生的开支费用的消极经济策略,相反,墨子认为,通过"节用之法",还可以达到"圣王为政,其发令、兴事、使民、用财也,无不加用而为者。是故用财不费,民得不劳,其兴利多矣"的目的,也就是说,通过节用,还可以利用民财为民兴利。这里的"兴利"之事,就是指发展两种生产,即增加社会劳动力的人的生产,开辟荒地,扩大再生产;物的生产,使劳动力强力从事生产劳动,增加社会财富总量。因此,"节用"还应有积极的经济政策的一面。因此,墨子的"去无用之费"和"无不加用而为者",有着"节流以开源"的实在内涵,我们不能简单地视之为一种无条件的节俭。也正是在这个意义上,墨子自信地说:

> 圣人为政一国,一国可倍也;大之为政天下,天下可倍也。其倍之,非外取地也,因其国家去其无用之费,足以倍之。(《墨子·节用中》)

---

① 郭沫若:《郭沫若全集历史编》第2卷,人民出版社1982年版,第117页。

2. 节葬

"节葬"应当说亦是"节用"的重要组成部分,在《节用中》篇中,墨子除提到前面我们述及的几种"节用之法"外,还特别提到过"节葬之法"。但由于战国时期厚葬久丧之风日久,且愈演愈烈,成为当时的一大社会陋习,丧葬制度的改革已成为社会关注的热点问题,所以墨子深感这一问题的重要性,故在大量论述了节用之外,又专门就节葬问题进行了讨论。

所谓厚葬,即是要求活着的子孙对死者的丧礼要隆重丰厚,不仅要以珍宝、财物随葬,甚至还要以活人殉葬。而所谓久丧,则是要求子孙后代居丧守墓,按照惯例,至亲如子女者,往往要守丧三年,住在茅草搭的芦棚中,粗麻衣身,淡饭果腹,不更衣沐浴,以示对死者的孝心。墨子提出的"节葬",就是要求丧葬仪式从简,以改变厚葬久丧的陋习。如前一章我们提到的,墨子认为,厚葬久丧乃是儒家四项足以"丧天下"的主张之一,同时也是墨子"叛"出儒门的直接动因。他说:

厚葬久丧,重为棺椁,多为衣衾,送死若徙,三年哭泣,扶后起,杖后行,耳无闻,目无见,此足以丧天下。(《墨子·公孟》)

其实,厚葬久丧并非儒家的发明,古已有之。

厚葬习俗由来已久,最早可追溯到夏商时期,考古发现的商代第23代王武丁的配偶妇好之墓,从形制上看,不能算作一个大墓,但即使如此,在其墓中就挖出了殉人16具,狗6只,葬品总数达1928件,其中仅青铜器的总数量就达468件,重达1600多公斤,还有玉器、石器、宝石器、象牙器、陶器、蚌器等等。以当时生产力水平看,这样的规模也不能不令人惊叹。

当然,在殷商、西周严格的社会等级制度下,要有相当地位才能厚葬，所谓"逾礼"，引起的也只是政治问题，而非社会问题，因此厚葬危害还不很大。进入东周以来，厚葬蔚然成风，平民起而效尤，像春秋时的齐国，"布帛尽于衣衾，材木尽于棺椁"，这就不得不让在上位的人如齐桓公者甚为忧虑了，为此，他还专门向管仲请教："布帛尽则无以为蔽，材木尽则无以为守备，而人厚葬之不休，禁之奈何？"管仲也没有切实可行的好办法，居然提出"棺椁过度者戮其尸，罪夫当丧者"（《韩非子·内储说上》）的极端严苛的禁止策略。而齐桓公本人死后，除了以金银珠宝和各种兵器陪葬，用水银充注棺椁之外，仍要以人殉葬，由此也可见厚葬之俗的根深蒂固。秦穆公死后，殉葬者170人，其中甚至包括子车氏三个很有才干的儿子等几位杰出的贤臣，以致时人发出"彼苍者天，歼我良人，如可赎兮，人百其身"（《诗经·秦风·黄鸟》）的叹惋。以活人殉葬死人的例子在《左传》中还有不少记录，如魏武子临终前即叮嘱魏颗要以其爱妾为殉；楚灵王在申亥家自缢而死，愚忠的申亥竟以自己的两个女儿作为人殉；郑庄公死后，用五车、五人陪殉。现代发掘的春秋战国墓中，有殉葬的就很多。如1975年发掘的莒南县大店镇老龙腰两座春秋墓，各有10个人殉；1971年发掘的山东临淄郎家庄一号墓中有23个人殉；山西侯马乔村发掘的战国殉人墓多达10余座，其中有一座墓中人殉有18人之多。

进入墨子所在的战国时期，厚葬之风更是愈演愈烈。与尊卑礼制无关的、夸示财富的陪葬品，如金银器、漆器以及日用陶器等等大量出现。至于秦始皇的厚葬，更可谓达到中国历史上的顶峰，直至今天，人们对其墓葬尚无力发掘。据记载，秦始皇曾征发戍卒70万在骊山为其营造陵墓：

斩山凿石，下锢三泉，以铜为椁，旁行周围三十余里，上画天文星宿之象，下以水银为四渎、百川、五岳、九州，具地理之势。宫观百官，奇器珍宝，充满其中。令匠作机弩，有所穿近，辄射之。以人鱼膏为灯烛，采其不灭者久之。后宫无子者，皆使殉葬甚众。（郦道元《水经注》卷十九《渭水注》）

其规模之宏大，营造之奢侈，都是世所罕见的。

至于久丧，也由来久远。《尚书·尧典》中即有帝尧三年之丧的史事。又据《竹书纪年》更记载了尧、舜、禹及夏代诸王的久丧记录，其中舜禹丧期皆为四年，夏代诸王中有三年之丧者达13人。

尽管厚葬久丧由来已久，但先秦儒家所倡导的孝道观，在厚葬久丧习俗的形成与发展中，确实起到了十分重要的推动作用。先秦儒家提倡孝道，把养生送死等量齐观。《中庸》所谓"事死如生，事亡如存，仁智备矣"，即指出了事奉死者要用与事奉生者同样的态度。儒家还认为："慎终追远，民德归厚矣"（《论语·学而》），这就是说，厚葬久丧还是敦化民众道德的重要手段。这些观念，加之儒家对于传统礼仪习俗的高度重视，无不促使后世的儒家对于厚葬久丧持肯定的态度。

死是人生的终点，即使贵为天子，也难脱一死。亲友故去，通过一定的仪式寄托哀思，表达对死者的哀悼，自是合情合理、无可厚非。儒家"厚葬久丧"，其最初本意自然也当如此。不过，凡事皆有其度，一旦过度，则难免走向其反面，荀子以厚葬久丧为维护社会等级、实施礼乐教化的工具，则不能不说是走向丧葬礼仪本身的反面。至于儒家礼书中对于丧葬礼仪的繁琐规定，则更为突出地显示出这一种倾向。

可以说，墨子之所以将"节葬"单独提出来进行考察，一方面是因为厚葬久丧之风是自古以来遗留下来的传统习俗，不能等闲视之。

另外一个重要原因即在于,厚葬久丧与儒家提倡的等级制度密切相关。

墨子认为,仁者谋利天下,孝子敬奉双亲,都应当遵循三项标准:即天下(双亲)贫穷,就设法使之富足;人民(家庭人丁)稀少,就设法使之增多;人多混乱,就设法治理。而厚葬久丧,于国于家,皆不能达到"富之"、"众之"、"治之"的目标,因此,必须以"节葬"为手段反对之。

首先,"厚葬久丧"不能达到"富之"的目标。墨子指出,丧葬之事,在王公大人之家,棺椁必须多层,葬埋必须深厚,死者衣服必须层层相裹,越多越好,随葬的文绣必须繁富华丽,坟墓的外观也必须高大壮观。而在匹夫贱民家中,丧葬也经常使他们竭尽家产。诸侯死了,为了显示对他的敬重和孝心,其子女更往往将府库贮藏之财尽数拿出,以行厚葬之礼。他们用金玉珠宝装饰尸身,用丝絮绸带裹束死者,还把车马埋藏在圹穴中;同时还要制造尽可能多的帷幕帐幔、钟鼎、鼓、几筵、酒壶、镜子、戈、剑、羽旄、象牙、皮革等等,置于死者寝宫而埋掉,然后方才满意。至于殉葬,则更为惨烈,天子、诸侯死后所杀的殉葬者,多的数百,少的数十;将军、大夫死后所杀的殉葬者,多的数十,少的数人。居丧的方法,又是怎么样的情景呢?哭泣无时,披缞系绖,住在守丧期所住的简易倚庐中,睡在草垫上,枕着土块。又竞相强忍着不吃而任自己饥饿,衣服穿得单薄而任自己寒冷。使自己面目干瘦,颜色黝黑,耳朵不聪敏,眼睛不明亮,手足不强劲,以致根本无力做事。假若效法这种方式守丧,王公大人必定不能早朝;士大夫必定不能治理五官六府、开辟草木荒地以使仓库粮食充实;农夫必定不能早出晚归、耕作种植;工匠必定不能修造车、船,制作器皿;妇女必定不能早起晚睡,去纺纱绩麻织布。厚葬之事,实在与大量埋掉钱财无异;长久服丧之事,其实就是长久禁止人们去做事。现有的财产,掩在棺材里埋掉了;丧后应当生产的,又被长时间禁止。用这种做法去追求财富,无异缘木而求鱼。

其次,"厚葬久丧"也不能达到繁衍人丁的"众之"的目标。墨子指出,以厚葬久丧的原则去治理国家,国君死了,服丧三年;父母死了,服丧三年;妻与嫡长子死了,又都服丧三年。然后伯父、叔父、兄弟、自己的众庶子死了服丧一年;近支亲属死了服丧五个月;姑父母、姐姐、外甥、舅父母死了,服丧都有一定月数。漫长的服丧过程对每个人而言都无异于一种肉体的折磨,面目干瘦,颜色黝黑,耳朵不聪敏,眼睛不明亮,手足不强健等等,都是久丧顺理成章的结果。按此方式生活三年,百姓冬天得忍受寒冷,夏天得忍受酷暑,因此生病而死的,自然难免。同时,服丧期间还禁止男女之间的交媾。总之,以"厚葬久丧"的做法去追求增加人口,就好像使人伏身剑刃而寻求长寿一般,"众之"的目标无论如何也不可能实现。

最后,"厚葬久丧"同样也无法达到使社会和谐、家庭安定的"治

祭墨大典

之"的目标。墨子指出,"厚葬久丧"使上层统治者不能听政治国;使下层民众不能从事生产。不能听政治国,则刑事政务就必定混乱;不能从事生产,衣食之资就必定不足。而一旦衣食不足,则做弟弟的向他的兄长求索而没有所得,就必定要心生怨恨;做儿子的求索父母而没有所得,就必定要怨恨他的父母;做臣子的求索君主而没有所得,就难免要背叛他的君上。老百姓出门没有衣穿,回家没有饭吃,难免会去做邪恶暴虐之事。盗贼众多,则治安必乱。倘使盗贼增多而治安不善,则用"厚葬久丧"的做法去寻求安定和谐,就好像把人多次遣送回去而要他不背叛自己一样不可能。

在列举上述种种"厚葬久丧"的弊端之后,墨子提出了他的"节葬"主张,如其"节用之法"一样,墨子是采取假托古代圣王的策略提出自己的主张的。他认为,古代圣王制定的丧葬原则应该为:

棺三寸,足以朽体;衣衾三领,足以覆恶。以及其葬也,下毋及泉,上毋通臭,垄若参耕之亩,则止矣。死则既已葬矣,生者必无久哭,而疾而从事,人为其所能,以交相利也。此圣王之法也。(《墨子·节葬下》)

具体而言,墨子"节葬"之法包括以下几个方面:
(1) 薄棺无椁

关于丧葬所用的棺椁,墨子提出棺木三寸厚,足以让尸体在里面腐烂就行的原则,至于棺外之椁,则更没有必要。这明显是针对儒家当时"棺椁必重"的丧葬制度而提出的。据《荀子·礼论》记载,儒家棺椁之制严格遵循等级原则:

天子棺椁七重,诸侯五重,大夫三重,士再重。

天子、诸侯的最外层椁,还以松柏数千段,累叠而成,称为"黄肠题凑"。至于棺木的厚度,孟子就认为中古"自天子达于庶人","棺七寸"是通例。而据《礼记·檀弓上》记载,天子、诸侯刚一即位,就开始准备棺椁,修造陵墓。今天考古发掘的先秦大墓,其棺椁型制往往都大大超过礼书所记的标准。可见,在墨子的时代,"棺椁必重"的风气确实非常浓厚。而墨子则认为,这些当代风气,根本不是古代圣王之道。

(2)反对随葬

墨子还要求,殡葬死者,衣衾只要三件,足以掩盖住可怕的尸形就可以了。"冬日冬服,夏日夏服"即可,从而改革当时"衣衾必多,文绣必繁"、"金玉珠玑"裹身,乃至以车马、屋幕、鼎鼓、几梃、壶滥、戈剑、羽旄、齿革等贵重财物随葬的陋习。这一点也是颇有针对性的。仅以传世礼书而论。其中所载丧葬用的衣服、器物等,就已足够惊人。如《仪礼·士丧礼》载死人沐浴后至大殓结束,需用衣服 53 套,其中包括"明衣裳"1 件、"袭衣"3 件、"小殓衣"19 件、"大殓衣"30 件,而这还只是"士"阶层的规制。《礼记·丧大记》记载,仅"大殓服",君王百称,大夫 50 称。汉代郑玄注解《礼记》,更认为天子"大殓服"当有 120 称。所谓一"称",即指上衣下裳一套。如按照儒家礼制,天子、诸侯死后身上要裹上百余套衣裳,真是难以想象。近年湖南长沙发掘的马王堆一号西汉墓,墓主女尸全身裹着各式衣服 20 层,也可看出一些此中的端倪。而这与墨子"衣衾三件"的提法相比,确实由此可见墨子提出"节葬"之说在当时耸动人听的效果。

(3)葬不杀殉

以活人为殉葬品,儒家对此也持反对意见,所以其规格等级在存世儒家礼书中皆无记载。墨子虽然没有明确提出反对杀人以殉葬的观点,但他在列举当时丧葬陋习时就曾说:

天子杀殉,众者数百,寡者数十;将军、大夫杀殉,众者数十,寡者数人。

　　显然墨子是反对这样做的。有人以"墨子服役者百八十人,皆可赴火蹈刃,死不还踵"以及孟胜及其徒众183人死难阳城为证,认为"墨子节葬不非殉"①,即墨子虽然主张"节葬",但并不反对殉葬。其实这种说法根本误解了墨子、墨家的牺牲精神。墨者"赴火蹈刃,死不还踵"以及孟胜等人的殉城,乃是为义献身的"殉义"壮举,这和为死者殉葬的"殉死",不啻天壤之别。

　　(4) 葬冢有节

　　墨子认为,葬冢深度以不掘到有泉水的深度为准,上面的封土以不使腐臭散出为准,坟地宽二三尺足够容纳棺木,就足够了。这是针对当时竭家室、虚库府以追求"丘陇必巨"的厚葬陋习而提出的。以后来的始皇陵为例,史称其所治陵高50余丈,周回达五里多。60年代,国家曾对秦始皇陵进行过一次摸底调查,调查报告称,陵园平面呈南北长东西窄的长方形,有内外两重夯土围墙,内围墙长约1300米,宽578米,周长3800多米。外围墙2173米,宽974米,周长6294米。坐落于内围墙的坟丘,底部近方形,每边长度为350米左右,高度76米。这固然是"千古一帝"的陵墓,不具普遍性。但拿它和墨子所提出的"下毋及泉,上毋通臭,垄若参耕之亩,则止矣"相比,实在可以看出墨子"节葬"之"节"的程度。毕竟,墨子节葬之说,不仅仅是对普通民众说的,更主要的他对天子王公贵族说的。即使在两千多年后的今天,不也有不少追求墓体的高大奢华者存在吗?

---

① 郭沫若:《墨子节葬不非殉》,载《郭沫若全集历史编》第三卷,人民出版社1982年版,第132页。

(5) 短丧节哀

墨子在《节葬》篇中并没有明确提出服丧的具体时间,但基本原则非常明确,就是死者既已埋葬,活着的人不当久哭久丧,而应节哀顺变,尽早地投入工作。也就是说,服丧之期当以不影响正常的生活、生产为原则。不过,据《韩非子·显学》篇记载:"墨子之葬也……服丧三月";而《墨子·公孟》篇则记载公孟子对墨子说:"子以三年之丧为非,子之三日之丧亦非也",则似乎又指墨子以三日为服丧之期。究竟是"三日"还是"三月",其实并不重要,关键是墨子所提出的"死则既已葬矣,生者必无久哭,而疾而从事,人为其所能,以交相利也"的服丧原则,确实对于儒家"三年之丧"的弊端有着很强的针对性。我们知道,"三年之丧"正是儒家所特意传达给人们的,孔子弟子宰我因不满于三年之丧而被孔子斥为"不仁",便是其中最为著名的一例。

为了加强其"节葬"之法的说服力,墨子还以古代圣王尧舜禹的丧葬为例证明。他说,从前尧去北方教化八狄,在半路上死了,葬在蛩山的北侧。用衣衾三件裹住尸身,用普通的楮木做成棺材,用葛藤束棺,棺材入土之后才哭丧,圹穴填平而不起坟。葬毕,甚至可以在上面放牧牛马。舜到西方去教化七戎,在半路上死了,葬在南已的市场旁,也只用衣衾三件裹身,用普通的楮木做成棺材,用葛藤束棺。葬毕,市人可以照常往来于其上。大禹曾去东方教化九夷,在半路上死了,便将他葬在会稽山上,也只用衣衾三件,用桐木做三寸之棺,用葛藤束住,虽然封了口但并不密合。凿了墓道,但也不深,掘地的深度下不及泉,上不透臭气。葬毕,将剩余的泥土堆在上面,坟地宽广大约三尺而已。(《墨子·节用下》)从墨子对尧舜禹三人丧葬情形的记述看,他完全是采用寓言的方式,托古圣之事以立己说而已。但即使是今天接受过现代科学教育的人,也不得不佩服墨子"节葬之法"本身的理智、冷静和务实的精神。

如果说,儒家的丧葬礼仪是一种"过度"的话,墨子的"节葬"之说并非是要求人们刻意自苦,他提倡的是一种适度的节制。他说,夫妻之事有节制则天地和顺,风雨有节制则五谷丰登,衣服有节制则肌肤安适,丧葬有节制则荣死利生。所谓节制就是掌握好"度",凡事适度,则兼相利;超过一定的"度",则事与愿违。而这一"适度节制"的原则,不仅贯穿于他的"节用"、"节葬"理论,同样也适用于我们下面将要谈到的他的"非乐"理论。

3. 非乐

墨子"非乐",历来颇多微词,即使在今天仍有不少人认为,墨子自己以绳墨自矫固然可敬,但他反对音乐,是忽视人民精神文化需求的禁欲主义主张;也有人认为,墨子一味坚持儒家提倡什么他就反对什么的立场,过于消极,缺乏建设性,在"非乐"的方面尤其显得简单、盲目甚至无知。

我们认为,上面的结论失之简单草率。要真正理解墨子的"非乐",有必要对墨子处身的那个时代的"乐"以及它对于儒家的意义,有一个基本的了解。

(1) 先秦"礼乐"

上古时期,"乐"的内涵并不仅仅局限于我们今天所说的"音乐"。历史学家郭沫若曾说:

> 中国旧时的所谓"乐",它的内容包括很广,音乐、诗歌、舞蹈本是三位一体可不用说,绘画、雕塑、建筑等造型艺术也被包含着,甚至连仪仗、田猎、肴馔等都可以涵盖。所谓乐者,乐也。凡是使人快乐,使人感官可以得到享受的东西,都可以广泛地称之为乐。

这就是说,凡是可以使人产生身体或精神的愉悦情绪的,都可以称之为"乐",审美的快感和感官的快乐并没有得到严格的区分。因此,即使是声色犬马、吃喝玩乐都可以被归入到"乐"的范畴。

但随着西周在政治上推行"礼乐"政治,"乐"与"礼"逐渐结合起来,成为上层统治者推行道德教化的工具,"乐"的内涵就被限定到了歌、舞、诗的范围之内。

说到礼乐合流,不能不提周公的制礼作乐。当然,乐舞决不始于周公所创,夏商时代的乐舞之盛足以令人惊叹,而殷人更以"尚声"为其文化特色。那么,之所以还要称周公"制"礼"作"乐,这所"作"之乐自应与夏商之"乐"有明显的不同。这个不同的关键就在于与之连在一起的那个"礼"字。

周公所"作"之"乐"便是配合这种周礼的"乐",即礼之乐。也就是说,在周人这里,有礼必有乐,礼仪所划定的种种等级畛域主要就是通过不同规模的"乐"来体现的。

以祭礼而论,周人对于祭祀范围是有严格限定的,所谓"天子祭天下名山大川,怀柔百神……;五岳视三公,四渎视诸侯,而诸侯各祭其疆内名山大川,大夫祭门、户、井、灶、中霤五祀,士庶人祖考而已,各有典礼,而淫祀有禁";在祭祀礼仪中,对音乐的规定也往往十分琐细,甚至乐律乐调、乐器、曲目、表演时间、地点、场合等等,都有规定。如《周礼·春官·大司乐》就有:

乃奏黄钟,歌大吕,舞《云门》,以祀天神;乃奏太蔟,歌应钟,舞《咸池》,以祭地示;乃奏姑洗,歌南吕,舞《大韶》,以祀四望;乃奏蕤宾,歌函钟,舞《大夏》,以祭山川;乃奏夷则,歌小吕,舞《大濩》,以享先妣;乃奏无射,歌夹钟,舞《大武》,以享先祖。

显然,天子礼乐就是天子礼乐,除此之外其他身份的人绝对不能

僭越。据《论语》载,孔子曾因三桓歌《雍》以撤祭而十分不悦,所谓:

"相维辟公,天子穆穆",奚取于三家之堂!(《论语·八佾》)

道理很简单,《雍》是天子祭宗庙撤祭时才能唱的歌,三桓身为鲁国大夫,是不该越级使用的。这些规定让人感到,这各种差等有别、秩序井然的礼乐,与其说是为了享神,毋宁说更是为了示人,人们每举行一次仪式谨严的祭祀活动,都会无形中接受一次宗法等级观念和规范的熏陶。

其实,更显示周代礼乐文化特点的,还是日常典礼仪式之繁、规定之多、细目之详、程式之备。周人事事有礼有仪,诸如冠、昏(婚)、射、相见、燕(宴)、飨、饮酒、聘、觐、虞、既夕、丧等等,不一而足。礼仪用乐,包括所歌之曲、所奏之乐、所舞之目、所用之器乃至演出顺序,也都有详备的规定。比如曲目之用,《周礼·春官·宗伯》提到:

凡射,王奏《驺虞》,诸侯奏《貍首》,卿大夫奏《采蘋》,士奏《采蘩》。

"射"即射礼,一种以射箭、习武为主要内容的仪式,对此,周人又分"大射""乡射"等不同级别,其间也要配乐,关于所奏的乐曲,天子、诸侯、大夫、士便有这诸多分别。另如仪式用乐中乐器及乐队的规模,《周礼·春官·宗伯·大司乐》提到"小胥"的职责,其中一项是"正乐县(悬)之位":"王宫县,诸侯轩县,卿大夫判县,士特县。"

"悬"本指悬挂最贵重、最排场的乐器编钟和编磬的架子,这里也用来代指排列的乐队。周天子的乐队可四面排列,恰就像宫室四面环墙,称"宫悬";诸侯,三面,像车子,称"轩悬";卿、大夫,两面,判然分列,称"判悬";士,一面,称"特悬"。再比如舞蹈队列,按规定也是如此逐级递减的。《论语·八佾》提到孔子对季氏在自己的厅堂上演八佾之舞十分愤慨,所谓"八佾舞于庭,是可忍也,孰不可忍"。《论语注疏》注曰:

佾,列也。天子八佾,诸侯六,卿大夫四,士二。八人为列,八八六十四人。鲁以周公故,受王者礼乐,有八佾之舞。季桓子僭于其家庙舞之,故孔子讥之。

当时已值春秋末年,季氏在鲁国权势显赫,位逼鲁公,但就身份而言,终究只是鲁国大夫,依周礼只能享用四佾即四列32人表演的舞蹈,他却竟敢上演只有天子才能享用的"八佾"之舞,这就难怪使一直希望"克己复礼"的孔子愤愤然,讥季氏干出这种严重违礼的事情,这虽已是周礼松弛之后的事情,但从中不难推想当年周礼等级分野的森严。

正因为有配合"礼"的特殊功能,这使"乐"在周人那里具有了极为重要的、须臾不可或缺的地位。周人建有一整套完备的音乐机构,该机构以大司乐为大乐正,乐师为小乐正,下设大胥、小胥、大师、小师、瞽矇、眂瞭、典同、磬师、钟师、笙师、镈师、鎛师、旄人、籥师、籥章、鞮鞻氏、典庸器等,分工十分具体、细致而且繁琐。除大司乐总体负责音乐教育、重大祭祀礼乐、大射之仪,乐师全面负责各种仪典的乐舞、乐仪、乐政外,其他如大师掌音律歌诗,小师掌打击吹奏,都各有其职。更有甚者,掌器乐的又分为磬师(掌教击磬钟编钟)、钟师(掌奏钟鼓)、笙师(掌教吹竽、笙、埙、籥、箫等)等,掌舞蹈的又有籥师(专管羽籥之舞)、旄人(掌舞散乐夷乐)等,演奏、歌唱、舞蹈也分工明确,显得非常专业化。

与此相应,周人宫廷乐舞也相当繁富。既有用于大型宗教祭祀活动的传统六代乐舞,包括黄帝之乐《云门大卷》、唐尧之乐《大咸》、虞舜之乐《大韶》、夏禹之乐《六夏》、商汤之乐《大濩》、周武王之乐《大武》;又有用于日常典礼享乐活动的各种小舞,分"帗舞"、"羽舞"、"皇舞"、"旄舞"、"干舞"、"人舞"等名目。此外还有散乐(主要是民间乐舞)、四夷之乐(交流而得的其他民族乐舞)、房中乐(多用琴瑟伴奏)、诗乐(其中"风"里的"周南"、"召南"作为乡乐常用于房中乐,"小雅"用于宴飨,"大雅"用于会朝和其他重要礼仪,"颂"用于宗庙祭祀)等。周代乐器见于记载的多达近70种,仅《诗经》中提到的即达20余种。与此同时,已出现了依据主要制作材料命名的八音分类法,即金(青铜乐器钟等)、石(石磬、玉磬等)、土(陶埙等)、革(蒙皮发声的鼓类等)、丝(用弦发音的琴瑟等)、木(柷、敔等)、匏(葫芦制笙、竽等)、竹(竹制篪、箫等)。正如上述季札评诗乐已经提到"五声",宫商角徵羽五声之分也是此时的创造。

　　春秋末年,一心思复周礼的孔子曾"去鲁之卫",周游列国,栖栖遑遑十几年方无功而返。而孔子之所以离开鲁国,其直接原因就与"乐"有关,此即所谓"齐人归女乐"的事件。据《史记·孔子世家》记载,鲁定公十三年,孔子任大司寇,齐人惧"孔子为政必霸",使鲁对齐构成威胁,于是"选齐国中女子好者(美女)八十人",皆能歌善舞、衣着华丽,同时又选120匹骏马,皆饰以锦绣彩缎,运往鲁国,"陈女乐文马于鲁城南高门外"。当时鲁国的执政者季桓子往观再三,为其所惑,又引鲁君"往观终日,怠于政事"。这使孔子对在鲁国推行礼乐之制感到绝望,于是弃官去鲁。对此,《论语·微子》亦曰:

　　齐人归女乐,季桓子受之,三日不朝。孔子行。

这件事带有某种政治斗争的味道,却反映出了一个不容质疑的事实,这就是齐人所献"女乐"与礼乐之乐的直接冲突。这是一个信号,暗示了一种与儒家礼乐相左的"乐"的出现,而这种"乐"的形式对于统治阶层具有极强的诱惑力。

在西周制礼作乐以来一直在宫廷各种典礼场合使用的歌乐舞蹈被称为"雅乐",它曾经作为维系宗法等级社会的特殊精神纽带,辉煌一时。但是随着春秋战国之际周礼的松弛和崩坏,与周礼互为表里的雅乐也渐露疲态,一旦失去了被特别赋予的作为某种身份、等级标志的光环,人们不再因能否享用它们而有什么特别的炫耀,它自身形式过于平和板滞,内容偏于伦理说教,以及重复固定的上演模式等等,便显出了弱点所在。于是,原本散在边国四夷的仅供怡情悦耳、轻松轻佻的所谓"俗乐"、"郑卫之音",便堂而皇之地流行起来,甚至公然登上了大雅之堂。

据《礼记·乐记》记载,战国初年,魏文侯就直言不讳地对孔子弟子子夏说出了他对于这两种雅乐和俗乐("郑卫之音")的真实体验:

魏文侯问于子夏曰:"吾端冕而听古乐,则唯恐卧;听郑卫之音,则不知倦。敢问:古乐之如彼何也?新乐之如此何也?"

一边是需要强打精神,勉强去听,还惟恐打起瞌睡;一边却是通宵达旦,仍让你兴致勃勃,不知疲倦,这雅乐和俗乐的魅力,不需多言,高下自判。作为孔门高弟,子夏当然要极力维护雅乐的尊严,便称雅乐为"德音",认为"德音谓之乐";称俗乐为"溺音","淫于色而害于德"。那么,这种被称为"溺音"的"俗乐"、"郑卫之音"又是什么样的呢?子夏认为:"郑音好滥(杂乱)淫志,宋音燕女(耽于女色)溺志,卫音趋数(促速)烦志,齐音傲辟乔(骄纵)志",也就是说,这些来自边国四夷的"俗乐"或通过繁密急促的声音,或用摇荡情性的女色,都对人的心志产生"不良"影响,使人沉迷、动荡、放纵。此外,《吕氏春秋·本生》篇也说:

靡曼皓齿,郑卫之音,务以自乐,命之曰伐性之斧。

同样指出了战国时代流行的"俗乐"多用美女、淫声、使人耽乐的特点。

对此,儒家站在维护正统礼乐等级制度的卫道立场上大加挞伐。子夏的批判为其一例。而早在其师孔子在世之时,即认为"乐"有"郑声"和"雅乐"的对立。他说:

恶紫之夺朱也,恶郑声之乱雅乐也。(《论语·阳货》)
乐则韶舞,取其尽善尽美。放郑声,远佞人。郑声淫,佞人殆。(《论语·卫灵公》)

显然,孔子认为只有《韶》一类的"雅乐"才是"尽善尽美"的,而"郑声淫",越出了"礼"的规范,因而要"放郑声"。《论语·先进》记载:

子曰:"由之瑟,奚为于丘之门。"门人不敬子路。《说苑·修文》

对此做了进一步说明:孔子之所以指斥子路不配跨进自己的门槛,是因为"子路鼓瑟,有郑鄘之声",有"杀伐之气",与孔子欣赏的为古代圣王歌功颂德的雅颂之声大相径庭。在儒家看来,"俗乐"不仅夺人心志、越礼佞人,更是亡国败家的根源:"纣弃先祖之乐,乃作淫声",于是亡国;"周衰政失,郑卫是兴",于是政权旁落,沦为小君。

如果说,儒家反对"郑卫之音",是要求复兴维护等级秩序、实施道德教化的周代礼乐之治。那么,墨子的"非乐"之论又是因何而发呢?

(2)墨家"非乐"

我们认为,墨子的"非乐",首先就是针对儒家所极力推崇的维护等级秩序、实施道德教化的"雅乐"。《墨子·公孟》篇认为:

儒者之道,足以丧天下者四政焉。

其中一政即儒者"弦歌鼓舞,习为声乐,此足以丧天下"。这才是墨子"非乐"的真正原因,"非乐"只是针对儒者"弦歌鼓舞,习为声乐"之乐,并不意味着他要全盘否定音乐。

有人说墨子"非乐"乃是因为他不懂音乐,其实这也是莫大的误解。

对于音乐的来龙去脉,墨子可以说得头头是道,简直就是一个音乐史家。在《墨子·三辩》篇里,墨子从制礼作乐的历代圣王说起,对于礼乐的兴替沿革娓娓道来:

昔者尧舜有茅茨者,且以为礼,且以为乐。汤放桀于大水,环天下自立以为王,事成功立,无大后患,因先王之乐,又自作乐,命曰《濩》,又修《九招》。武王胜殷杀纣,环天下自立以为王,事成功立,无大后患,因先王之乐,又自作乐,命曰《象》。周成王因先王之乐,又自作乐,命曰《驺虞》。

墨子不仅通晓音乐历史,而且还深通乐理。《礼记·祭统》就曾说:

> 墨翟者,乐吏之贱者也。

说明墨子本人曾是礼宾乐队的小官吏,如果真如此,则岂有墨子不通音乐的可能?事实上,墨子曾"学儒者之业,受孔子之术"(《淮南子·要略训》),则其对于儒门"六艺"自当十分精通——《淮南子·主术训》即认为,墨子和孔子一样,"皆修先圣之术,通六艺之论"——而"乐"就是"六艺"中的"大艺"之一,墨子不能不对此十分熟悉。

墨子不仅通乐理,还可以亲自演奏。《吕氏春秋·贵因》篇记载:

> 墨子见荆王,锦衣吹笙,因也。

这也说明墨子不是一个一概反对音乐之人,他讲究实际效用,为了达到利民目的,就能变换对策。墨子善于吹笙的事在《艺文类聚》中也有记载:

> 墨子吹笙,墨子非乐,而于乐是也。

也有人认为,墨子"非乐",是他以自苦为乐,不懂音乐本身的愉人功效。其实,这也是误解。墨子在《非乐上》篇开首就直接反驳了这种观点,他说:之所以"非乐",并不是认为大钟、响鼓、琴、瑟、竽、笙的声音不使人感到快乐;并不是以为雕刻、纹饰的色彩不美;并不是以为煎灸的豢养的牛猪等的味道不香;并不是以为居住在高台厚榭深远之屋中不安适……

那么,墨子又是因何而提出"非乐"的主张呢?与他的"节用"、"节葬"的观点一样,墨子正是站在"兴天下之利,除天下之害"的立场上提出"非乐"主张的。也就是说,之所以"非乐",还是因为"乐"违反了"诸加费不加于民利者,圣王弗为"的原则。所以他在《非乐》篇一开始就说:"仁之事者,必务求兴天下之利,除天下之害,将以为法乎天下,利人乎即为,不利人乎即止。"具体而言,墨子"非乐"的理由包括以下几个方面:

第一,为乐首先要制造乐器,而对于王公大人而言,其对于乐器制造的要求是非常之高的,因此必然需要耗费大量钱财,而这些钱财的获得,无非就是通过搜刮民脂民膏而来。

墨子在《非乐上》篇中说,现在的王公大人为了满足自己一己之需制造乐器,不是像掊取路上的积水、拆毁土墙那么容易,而必是向万民征取很多钱财,用以制造出大钟、响鼓、琴、瑟、竽、笙等。当然,古时的圣王也曾向万民征取钱财,但他们用这些钱财造船造车,而这些车船用具乃是可以使"君子休息双脚,小人休息肩背"的有用工具。所以人民缴纳钱财也无怨言,因为它符合民众的利益,所以,我不能表示反对。同样,如果乐器要是也这样符合民众的利益,我也万万不敢反对。但事实上并非如此,它仅仅满足于王公大人的一己之需,而劳民伤财,则我就必须坚决反对。

或许有人认为,贵为王公者,置办一些满足自己精神享受的乐器,在墨子生活的时代应该也不算什么奢侈浪费的事情,其实不然。我们仅以近年出土的随国曾侯乙墓编钟为例,即能看出先秦贵族的乐器制造并不是一件简单之事。曾侯乙墓发掘于湖北随县,据同墓出土的镈钟上的铭文可知,墓主曾侯乙入葬年代在公元前 433 年或略晚,属于战国早期,应当就是墨子在世的年代。曾国只是战国时一个极小的侯国,曾侯乙更是名不见经传,但就是这样一个战国早期的小贵族,他的乐器制作的奢华靡费,也足以让今人咋舌。

曾侯乙墓共分中、东、西、北四室,均有大量随葬,几乎把曾侯乙生前的生活原原本本搬到了地下。北室主要放兵器和车马器;东室放墓主人的葬具和陪棺8具,并放置带环扁鼓1件、瑟5件、五弦琴1件、十弦琴1件、笙2件,大致反映了寝宫以弦管为主的小型乐队的规模,即王后、夫人"事其君子"所用的房中乐的乐队;真正大型的钟鼓乐队在中室,有编钟、编磬、建鼓、篪、笙、排箫、瑟、枹鼓等乐器,钟架旁边还有演奏编钟时使用的6个木槌和两根木棒;西室有陪棺13个,死者均为青年女性,应当就是乐队的演奏者或表演歌舞的女乐。

在中室靠近西壁和南部的位置放置着今天举世瞩目的大型编钟。悬挂编钟的钟架为矩尺形,分三层,上层悬挂钮钟19枚,中层悬挂甬钟33枚,下层悬挂甬钟12枚,外加楚王送的一件镈钟,总数达到了65枚之多。钟本大小不一,上中下皆各分三组,下大上小,左大右小,极有规律地依次排开,最大的一件通高153.4厘米,重203.6公斤,最小的一件通高20.4厘米,重2.4公斤,总重达到了2500公斤。中下两层的钟簴(立柱),用青铜铸成佩剑武士擎着横梁的造型,工艺精巧绝伦。值得一提的是,这套编钟的音域十分宽广,据介绍,这套编钟自大字一组A到小字四组的C,能跨5个八度,可发128个音,具备旋宫转调的12个半音,旋宫能力达6宫以上,敲击每个钟的正鼓部和侧鼓部,都分别可发出形成大三度和小三度的两个音,下层甬钟基本音列为七声音阶,今天仍可适当演奏比较复杂的多声部或包括一般转调的乐曲。

与编钟相对,在中室紧靠北壁的位置,还有一套编磬,也是立架悬挂,只不过规模要小一些,分为两层,共计悬磬32枚,石磬为石灰石或大理石经精心磨制而成,上面也刻有乐律铭文。钟架与编钟钟架又有不同,造型奇特,富于变化。在这大型编钟、编磬之间,还陈列着用来合奏的其他乐器,计有鼓3件、排箫2件、笙3件、篪2件、瑟7件。整个乐队所需演奏的乐人估计要用22人。

或许对于大多数读者而言,对于曾侯乙墓陪葬的这些编钟、编磬、鼓、箫、笙、篪、瑟之类的乐器本身并不熟悉,但我们仅从这些乐器的数量、规模、质地、造型等等侧面,也能想见制作这些乐器所需的钱财不菲。曾侯乙墓拥有的乐器尚且如此,那些大国中的王公大人,则更是可想而知了。

第二,为乐不仅要有乐器,同样还需要演奏者,击鼓撞钟更需要身强体壮、聪慧敏捷的人来担当,这就必然要占用劳力,从而耽误耕种和纺织,破坏社会财富的生产。

墨子说,人民有三种忧患:饥饿的人得不到食物,寒冷的人得不到衣服,劳累的人得不到休息。这三样可谓人民的最大忧患。而撞巨钟,敲响鼓,弹琴瑟,吹竽笙,舞干戚,都无助于民众获得衣食财物,不仅如此,还大大有损于这些衣食等民生必需之物的获得。

在《非乐上》篇中,墨子指出,再好的乐器也是死的,必须要人来演奏才能完成。一具大钟本身,就好像倒扣着的鼎一样,不撞不鸣,这就需要乐工、乐伎。而乐工、乐伎也不可能由老人或反应迟钝的人来承担。他们耳不聪、目不明、四肢不强壮,自然无法完成钟鼓齐鸣、琴瑟和调的高强度、高技巧的音乐演奏活动。因此必须使用耳聪目明、四肢强壮的壮年人。但是,如果使用男乐工,就必然浪费他们耕田、种菜、植树的时间;如果使用女乐伎,就必然荒废她们纺纱、绩麻、织布等事情。如此,则自然不利于民利民生。

墨子的这一理由同样并非虚言。我们从曾侯乙墓发掘出的陪葬乐器的规模判断,仅葬入墓中的乐器,就至少需要数十人方能同时演奏,这还不包括参与歌舞表演的工伎。而这也仅仅是一个的地方诸侯的家庭乐队。据《管子·轻重甲》篇记载:

> 昔者桀之时,"女乐"三万人,晨噪于端门,乐闻于三衢。

"女乐三万",或许是夸大之词,但以夏代的全国人口总水平看,为满足夏桀奢靡生活所动用人数之众确实是非常惊人的。《吕氏春秋·侈乐》篇也曾说:

> 夏桀、殷纣作为侈乐,大鼓、钟、磬、管箫之音,以钜为美,以众为观。

"以钜为美",我们从曾侯乙墓所出土的编钟即可看出端倪;"以众为观",正是墨子所言为乐占用人力耽误生产的一个佐证。

另如前述,为了保证"礼乐"制度的实施,周代建立了一套相当完备的音乐机构,由大司乐领导,宗伯主管礼乐,工作人员有1000多人。这里也等级森严,少数为低级贵族,如大司乐为口大夫,定编两人;乐师为下大夫,定编4人,上士八人,下士16人,府4人,史8人,胥8人,徒80人,另外将近一千人则是一般庶民,名为上瞽、中瞽、下瞽、眡瞭、舞者、典同、磬师、钟师、笙师、镈师、旄人、籥师、籥章、鞮鞻氏、典庸器等等,该机构既作为整个王朝的音乐管理机构,也同时是"乐"的培训机构和最高演出机构,其训练非常严格,小胥的职责就是在排练中巡视,有怠慢懒散的还要遭到鞭笞。这样一套机构,自然自身是不会亲自劳作的,也需大量劳动者的供养。

《墨子·非乐上》篇中曾举了一个相关例子,也足以说明问题。墨子说,夏启以《韶舞》作为个人享乐之用,并创制了由万人参加的大型宫廷乐舞《万舞》,场面宏大,引得后世王公大人纷纷仿效。战国时的齐康公就是一个非常喜好《万舞》的人。他对《万舞》的要求可谓精益求精,所以对于跳"万舞"之人的要求也格外严格。他说:"乐工乐伎们吃得不好,面目颜色不好看,声音不和调,眉目不能传递复杂的感情;衣服不漂亮,腰肢身形动作也就自然不美观。所以必须要让他们好吃好喝,好穿好戴才行。"所以,为齐康公表演《万舞》的一万乐工,都不穿粗布短衣,不吃糟糠粗食。如此,这些人不仅不从事生产衣食财物,还必须要靠他人的辛勤劳动来供养。这如何能不耗费民力,耽误民时,破坏生产呢?因此,必须"非乐"。

第三,音乐演奏起来,还要有人去欣赏,而欣赏音乐自然要占去君王治国的时间,又会占去劳动者生产的时间,这样,无论对于治政听事还是对于劳作生产,都是有百害而无一利的。

《非乐上》篇说,大钟、响鼓、琴瑟、竽笙在乐工乐伎的演奏下,自然会悦耳动听。但是,让王公大人们独自安静地欣赏音乐,恐怕他们也不会得到最大的满足。他们听音乐,不是与君王一道,就是和下人一起。与君王一起听,必然会使他荒废听狱与治理国家;与下人们一起听,则又会耽误百姓的生产劳动。

如此,墨子从乐器的制造、音乐的演奏与欣赏三个方面阐述了他极力主张"非乐"的理由。千言万语一句话,从事音乐活动既劳民又伤财,因此必须"非乐"。

墨子还认为,人与动物是不同的,不能单凭自然界的恩赐就可以生存发展,而必须通过自己的劳动才能求得生存与发展。他说:"人本来就不同于禽兽、麋鹿、飞鸟、爬虫。这些动物利用它们的羽毛做衣裳,利用他们的蹄爪作裤子和鞋子,以水、草作为食物。所以虽然雄的不耕田、种菜、植树,雌的不纺织纱、绩麻、织布,衣食财物本来就可具备。而人则不同了,人要依靠自己的力量才能生存,不依靠自己的力量就不能生存,做君王的不努力听狱治国,刑罚政令就会混乱;百姓不努力从事生产,财用就会不足。所以,人不应当把时间花在音乐活动上,否则,不仅人们的衣、食、息"三患"无法解决,甚至还会导致"国家乱而社稷危"的恶果。

"商女不知亡国恨,隔江犹唱后庭花",唐代大诗人杜牧的《泊秦淮》一诗,正是墨子所谓耽于声色舞乐可致亡国败家的诗化诠释。返观中国历史,那些亡国之君几乎无一不是在声色宴饮、美酒佳人、诗词歌赋中国破家亡的。也正因为此,早在上古的政治文献中就有"甘酒嗜音,峻宇雕墙,有一于此,未或不亡"(《尚书·五子之歌》)的郑重警告。

也有人认为,不管墨子"非乐"的理由有多充分,但他一概地反对音乐舞蹈等艺术形式,这就是低估了艺术本身对于满足人民精神文化需求的存在价值。事实上,这也误解了墨子的本意。墨子的"非乐"对象一直是针对上层王公大人而言的,在墨子生活的时代,恐怕也只有那些高高在上的王公贵族,才有墨子所描述的铺张奢靡的舞乐享乐生活。夏桀"女乐三万"、齐康公兴乐"万舞"乃至曾侯乙墓中随葬乐队的"盛况",不仅百姓无缘得享,而且还要为之付出沉重的代价。至于百姓身处"饥者不得食,寒者不得衣,劳者不得息"之忧患,哪里还有机会享受到那种"以钜为美,以众为观"的钟鼓之乐呢?因而,墨子的"非乐"就根本谈不上是"一概反对"了。事实上,如果人民能够"息于聆缶之乐",墨子当是不会反对的,因为"有乐而少,此亦无也"(《墨子·三辩》)。

在《说苑·反质》篇中有一段墨子和他的大弟子禽滑厘的对话,更能看出墨子"非乐"并非一概地反对音乐,正如他的节用并非一概地反对享受一样。他说:

故食必常饱,然后求美;衣必常暖,然后求丽;居必常安,然后求乐。为可久,行可长,先质后文,圣人之务。

就是说人们只有吃饱了,然后才能讲究美味;只有衣服经常穿暖和了,然后才能追求色彩华丽;住处只有安稳平定,然后才能追求享乐。

墨子并不是想借"节用"、"节葬"、"非乐"等来要求天下人都去吃苦避乐,而是基于饥者不得食、寒者不得衣、劳者不得息的社会现实所发出的正义的疾呼。这也正是我们理解墨子"节用"、"非乐"等"俭节之道"的出发点。

(三) 兼爱、非攻

墨子在世之时,不惜自苦,不远万里,上说下劝,游走奔波于各大诸侯国之间,息战罢兵正是其最为重要的目的之一。如止楚攻宋、阻齐犯鲁、三劝鲁阳文君等等,莫不如此。

应该说,面对战国以来越来越频繁也越来越惨烈的诸侯战争,在先秦诸子中,除了极端功利主义的法家以耕战为本、奖励军功而不反对战争以外,其余各家大多反战。但在先秦诸子中,我们可能很难找到像墨子那样,为了达到反战的目标,不仅仅停留在表达反对立场、厌恶情感和道义的批判层面,更将反战付诸行动:他深研守御之道,制作守备器械,组织反战团体,四处奔走游说。某种意义上,我们可以说,墨子乃是世界历史上第一个真正的反战英雄,而他的墨者团体,可谓历史上的第一个反战组织。

墨子的"非攻"主张并不是空穴来风,其反战行动也绝非一时义举,而有着深厚的道德价值理念作为基础,这就是墨子的"兼爱"论。

1. 兼爱

如果说"尚俭"是墨子和他的门徒们在为人行事方面最引人瞩目的外在特征的话,"兼爱"则是墨子思想中最为核心的观念。"墨子十义",无不以他的"兼爱说"为出发点。如清代经学家俞樾在《墨子间诂序》中就说:

> 墨子惟兼爱是以尚同,惟尚同是以非攻,惟非攻是以讲求备御

之法。

也正因此,后世学者一般都将"兼爱"视为墨家与先秦其他学派相区别的根本标志。孟子在批评墨子和杨朱时说:

杨朱为我是无君也,墨氏兼爱是无父也。无父无君,是禽兽也。(《孟子·滕文公上》)

孟子距墨子年代不远,又活动于墨学盛行的时代,以辟杨、墨为己任,且自诩知言善辩,他对墨学的攻击,亦只针对其兼爱之说,表明他是把兼爱作为墨家思想的特征予以批判的。《吕氏春秋·不二》篇也说:"老聃贵柔,孔子贵仁,墨子贵兼。"《尸子·广泽》篇也把墨家思想的特点简要地概括为"贵兼":"墨子贵兼,孔子贵公。"清人张惠言在《书墨子经说解后》一文中更明确地指出:"墨之本在兼爱。而兼爱者,墨子所以自固而不可破。"

那么,墨子的"兼爱"说究竟有什么特别之处呢?

(1) 乱起"不相爱"。

墨子及其学派所处的时代,是春秋战国所谓天下大乱的时代。故而孔子惊呼:"礼坏乐崩",墨子感慨"大国之攻小国,大家之乱小家,强之劫弱,众之暴寡,诈之谋愚,贵之傲贱",孟子斥责当政者"率兽而食人"。而这个时代的诸子百家,尽管他们的学术见解歧见纷呈、各不相同,但有一点是相同的,即没有一个学派认为这个混乱不定的时代是正常的、合理的。他们之间所不同的,只是对致乱根源以及如何拯救这个乱世各有所见而已。那么,墨子又是如何认识这种家、国、天下动荡不宁的乱局之根源的呢?

我们知道,"兴天下之利,除天下之害",乃是墨子为之不惜自苦、终身奋斗的目标。而其"除天下之害"首先就需要确定何者为"天下之害",然后才能顺藤摸瓜,给出"天下之害"的根源所在。墨子认为:国与国之间相互攻伐,家族与家族之间相互掠夺,人与人之间相互残害,君臣之间不相互施惠、效忠,父子之间不相互慈爱、孝敬,兄弟之间不相互融洽、协调等等,正是天下之害的具体表现。

那么这种天下之害的根源又是什么呢?墨子在《兼爱上》篇的篇首即指出:要想"除天下之害",就一定要弄清"天下之害"的根源在哪里,然后才能有的放矢,对症下药:

圣人以治天下为事者也,必知乱之所自起,焉能治之;不知乱之所自起,则不能治。譬之如医之攻人之疾者然:必知疾之所自起,焉能攻之;不知疾之所自起,则弗能攻。治乱者何独不然?必知乱之所自起,焉能治之;不知乱之所自起,则弗能治。圣人以治天下为事者也,不可不察乱之所自起。当察乱何自起?起不相爱。

显然,墨子的观点是,"天下之害"的根源正是在于人们彼此之间的"不相爱",人们只爱自己,不爱他人,为了自身的私利,不惜损害他人的利益,对于天下之利,更是毫不顾及,于是才导致了社会种种乱象。《墨子·兼爱中》对此进行了进一步阐述,他说:

今诸侯独知爱其国,不爱人之国,是以不惮举其国,以攻人之国。今家主独知爱其家,而不爱人之家,是以不惮举其家,以篡人之家。今人独知爱其身,不爱人之身,是以不惮举其身,以贼人之身。是故诸侯不相爱,则必野战;家主不相爱,则必相篡;人与人不相爱,则必相贼;君臣不相爱,则不惠忠;父子不相爱,则不慈孝;兄弟不相爱,则不和调。天下之人皆不相爱,强必执弱,富必侮贫,贵必傲贱,诈必欺愚。凡天下祸篡怨恨,其所以起者,以不相爱生也。

诸侯只知道爱自己的国家,不爱别人的国家;家族宗主只知道爱自己的家族,而不爱别人的家族;人只知道爱自己,而不爱别人,种种"自爱"而"不相爱"的现状,必然导致人与人之间的攻、篡、贼、伤。

因此,根除这种人与人之间的"不相爱",才是"除天下之害"的治本之策,这就是墨子的"兼爱"论。

(2) 兼以易别。

这种人与人之间的"不相爱",墨子常常又称之为"别"。在《兼爱下》篇中,他将作为天下"众害"根源的"恶人而贼人者",即憎恶别人和残害别人的行为,称为"别",而与"兼(爱)"相对立。由此,墨子根据"非人者必有以易之"的原则,提出了"兼以易别"的主张。

那么"兼爱"的具体内涵又是什么呢?根据墨子的思想,我们可以用四个字来概括,那就是"视人如己"。墨子在《兼爱上》篇中说:

若使天下兼相爱,爱人若爱其身,犹有不孝者乎?视父兄与君若其身,恶施不孝?犹有不慈者乎?视弟子与臣若其身,恶施不慈?故不孝不慈亡有。犹有盗贼乎?故视人之室若其室,谁窃?视人身若其身,谁贼?故盗贼亡有。犹有大夫之相乱家,诸侯之相攻国者乎?视人家若其家,谁乱?视人国若其国,谁攻?故大夫之相乱家,诸侯之相攻国者亡有。若使天下兼相爱,国与国不相攻,家与家不相乱,盗贼无有,君臣父子皆能孝慈,若此,则天下治。

把别人的身体当作自己的身体,把别人的家庭当作自己的家庭,把别人的国家当作自己的国家,如此就可以消饵人与人之间的隔阂与界限,而一旦这些隔阂与界限消除了,则天下的一切灾难,人间的一切邪恶，包括怨仇、嫉恨、诈骗、盗窃、杀人、篡乱、战争等等，就自然不会发生。即使传统的伦理规范如孝、慈、忠、惠的名目仍然继续得以保存，但它们的实质内容已经发生了根本改变，孝慈、忠惠的施受双方，不再是等级森严的两端，而是两个相互对等的社会个体。也就是说，"兼爱"的实质，在于它要求天下人民不分你我、不分贵贱、不论贫富、不讲种族、不管血缘、不论国度地彼此相爱。这在等级观念根深蒂固的春秋战国时代，不能不说是一种极为惊世骇俗的观点。

"爱"的概念显然不是墨子的独创，在此之前，孔子早就提出了"仁者爱人"的"仁爱"论。但我们可以说，"爱"是儒墨两家措意最深的话题之一，它把罕言乃至不言"爱"的道家、法家、名家、阴阳家同儒家、墨家区别开来，也把言"爱"心曲不尽相合的儒、墨两家区别开来。孔子由"仁"说"爱"，"爱"只是"仁"心的发用之一；而墨子则由"兼"说"爱"，其"兼爱论"之所以迥异于儒家，正在于他的"兼"的概念。在墨子那里，"兼"是对"爱"的一种规定，也就是对"爱"的方式、状态和程度的一种要求，它说明应该怎样来实现"爱"。"兼爱"说的精神实质，固然在"爱"的内容上有所体现，但更重要的则是体现在"兼"之上。墨子"兼爱"的"兼"，具有相当丰富而深刻的内涵，其中贯穿着三个基本原则。

（1）相互性原则。墨子认为，"爱"应该是相互的，而不应该是单方面的，人和己两方面都承担"爱"的义务，也都享有被"爱"的权利。这样的"爱"才叫"兼爱"。墨子把"兼爱"与那种"攻城野战，杀身为名"、"破阵乱行，蹈火而死"的单方面为国君献身的行为进行了比较，以说明"兼爱"的相互性特征。他说：

> 兼相爱交相利则与此异。夫爱人者，人必从而爱之；利人者，人

必从而利之；恶人者，人必从而恶之；害人者，人必从而害之。(《墨子·兼爱中》)

不仅如此，墨子还进一步指出，贯彻"爱"的相互性原则，不但是必要的，而且是可能的。这是因为"无言而不仇，无德而不报，投我以桃，报之以李"，乃是人与人之间的一种必然性联系。所以：

爱人者必见爱也，而恶人者必见恶也。(《墨子·兼爱下》)

这里，墨子把"投桃报李"的行为看作是人的本性使然，并以此说明"爱"的相互性出于人性之常。那么，怎样贯彻这种相互性原则呢？墨子提出了一种"己先爱人，然后得报"的步骤，并以孝亲为例来说明之：

必吾先从事乎爱利人之亲，然后人报我以爱利吾亲也。(《兼爱下》)

就是说，我先孝敬他人的父母，然后他人也会孝敬我的父母。在墨子看来，"爱"的相互性固然出于人的本性，但在具体实施的时候却不能等待别人来爱自己，而自己应该首先"爱人利人"。他由此进一步认为，作为一个明君的首要条件，就是要"必先万民之身，后为其身"(《墨子·兼爱下》)。显然，这种先人后己的思想，比起后来孟子提出的"老吾老以及人之老，幼吾幼以及人之幼"的"推己及人"思想更为无私。

(2) 普遍性原则。墨子认为"爱"不但应该是相互的，而且还应该是普遍的。主张爱人就应该"远施周遍"(《墨子·非儒下》)，即对所有的人都应该爱,而不应有什么范围、界限。这其实就把"博爱"作为"兼爱"的一个原则了。墨子认为,天既享受所有百姓的敬祭,食用他们的祭品,则"天兼天下而食焉,我以此知其兼爱天下之人也"(《墨子·天志下》)。而由于天"兼爱天下之人",则天下之士君子,就应该"以天之志为法",对于天下之人"兼而爱之"(《天志上》)。墨子还把文王作为其取法的楷模,要人们学习,就是因为文王的"兼爱"正是以普遍性为特征的。

> 泰誓曰:"文王若日若月乍照,光于四方,于西土。"即此言文王之兼爱天下之博大也,譬之日月,兼照天下之无有私也。即此文王兼也;虽子墨子之所谓兼者,于文王取法焉。(《墨子·兼爱下》)

(3) 平等性原则。平等性原则是"兼"的最基本的涵义。墨子之所以用"兼"来概括他的思想,就是因为"兼"字本义中就含有"平等"之意。《说文解字》释"兼"字为"并也,又从持秝,兼持二禾",持二禾而不专一禾,即隐含平等之意。因此,"兼爱"的根本意义就是平等之爱,平等性原则应是"兼爱"说题中应有之义。墨子"视人之身若视其身"、"为彼犹为己也"等等,皆含有这方面的意思。墨子还把能坚持这种平等原则的"士"称为"高士";把能实行这种平等原则的"君"称为"明君"。而文王、武王就是这种平等爱人的典范:

> 古者文、武为正均分,贵贤罚暴,勿有亲戚弟兄之所阿。(《墨子·兼爱下》)

正是从平等原则出发,墨子进一步批驳了儒家"爱有差等"的观点,认为儒者主张"亲亲有术,尊贤有等"是"大逆",是"诬言","为欲厚所至私,轻所至重,岂非大奸也哉"(《墨子·非儒下》)[①]。

墨子在一个等级观念极为浓厚的时代背景下,主张普遍、平等的"兼爱"以"兴天下之利、除天下之害",这在当时的历史条件下自然很难为人所接受,其可行性也必然遭到许多人的质疑和非难。因此,他必须证明"兼以易别"的可行性。为此,他在《兼爱下》篇中,设定了两种伦理学上的极限情境予以论证。

其一,"兼士"与"别士"的情境。

假设有两个士子,其中一士为主张别(相恶)的"别士",另一士为主张兼(相爱)的"兼士"。"别士"认为:"我怎么可能对待我朋友的身体,就像对待我的身体;对待我朋友的双亲,就像对待我的双亲呢?"所以,"别士"在遇到他的朋友饥饿、受冻、疾病、死亡的情况下,均无动于衷、不予理睬。而主张兼(相爱)的"兼士"则认为:"天下的高士,必须对待朋友之身如自己之身,对待朋友的双亲如自己的双亲。然后,方可称之为天下的高士。"所以他看到朋友饥饿时,就给他提供食物;受冻时,就给他提供穿着;疾病时,主动给予治疗;死亡之后,就含悲将其埋葬。假使这两个士子,言出必信,行为必果,那么请问:如果有人将披甲戴盔前往作战,是死是活无法预知;或者有某位大夫将出使遥远的巴、越、齐、楚,去后能否回来也不可预知。那么他要托庇家室、奉养父母、寄顿自己的妻子,究竟是去拜托那主张兼(相爱)的"兼士"呢?还是去拜托那主张别(相恶)的"别士"呢?墨子认为,在这样的情境之下,无论天下的愚夫愚妇,即使反对兼(相爱)的"别士",也必然要托付给主张兼(相爱)的"兼士"的。那些"别士"之所以"言而非兼,择即取兼"即高谈阔论上否定兼(相爱),托付家人时却选择"兼士",只不过表明他们心口不一罢了。

[①] 赵馥洁:《墨子"兼爱"说述评》,载自《人文杂志》1983年第4期。

其二,"兼君"与"别君"的情境。

假设这里有两个国君,其中一个主张兼(相爱)的"兼君",另一个是主张别(相恶)的"别君"。"别君"认为:"我怎能对待我的子民如同对待自己一般呢?这太不合人之常情了。人生苦短,如驹过细。怎么说我也应该首先考虑自己。"所以他对于他的子民挨饿受冻、生老病死不闻不问、无所用心。而主张兼(相爱)的"兼君"则与之截然相反,他说:"我听说做一位明君,就必须首先重视万民之身,然后才考虑自己,先天下之忧而忧,如此,方才称得上为天下明君。"所以他看到老百姓饥饿了,他就设法赈济;老百姓挨冻了,他就设法备足衣服;老百姓生病了,他就设法给予治疗;有老百姓死亡了,他就派人埋葬。假使这两个国君,言必信,行必果,那么请问:一旦发生瘟疫,万民大多因劳苦和冻饿而辗转死于沟壑之中的,已经很多了。那么,人们是选择主张别相恶的"别君"呢,还是选择主张兼相爱的"兼君"呢?很明显,无论天下的愚夫愚妇,即使是反对兼爱的人,也必定会跟随主张兼(相爱)的"兼君"的。

墨子认为,通过以上两个例子,即可证明"兼以易别"其实是完全可行的。"兼爱"决非可望不可即的梦想,更不是一种抽象而不现实的原则,相反,它是完全可以贯彻执行的主张,完全可以应用于现实社会。

墨子还指出,推行"兼爱"不仅不像提起泰山以跨越长江黄河那样很难实现,而且相对而言还是相当容易就能实现的事情。它并不是办到办不到的问题,而只是当政者提倡不提倡的问题。如楚灵王喜欢细腰,于是楚国的大夫们一天只吃一顿饭,以至于饿得要人扶着才能站起来,扶着墙才能勉强走路。节食是件十分难办的事,然而最终还是办到了,而且不几年内竟然成为楚国的时尚。为什么呢?其实道理很简单,不过就是因为国君喜欢,人们便迎合国君而已。从前越王勾践崇尚勇敢,训练将士三年,但不知效果如何。为了考验一下,于是故意放火烧船,擂鼓指挥将士前进,他的将士个个奋不顾身,冲向火船。倒身于水火中淹死烧死者不计其数。赴汤蹈火本是相当难的一件事,然而越三喜欢,不也办到了吗?还有晋国国王晋文公喜欢穿粗衣,当文公执政之时,晋国的士大夫都身穿粗布衣服,头戴熟绢作的帽子,足登粗糙丑陋的鞋子,前去晋见晋文公,晋文公很欣赏。对于那些平日养尊处优的士大夫而言,穿粗衣也是不合人性的难办之事,可不也办到且不久成为晋国的时尚了吗?节食、焚身、穿粗衣这本来是天下极难办的事,结果由于国君推崇,一时竟成时尚,而"兼爱"则比节食、焚身、穿粗衣要容易多了,只要国君喜欢,用奖赏来勉励,用刑罚来威慑,"兼以易别"当指日可待。

墨子提出的"兼以易别"的社会理想无疑是非常诱人的,墨子自己对此倾注了全部心血,可谓苦心经营,然而在当时那个弱肉强食的强权时代,要推行兼爱又谈何容易!早在先秦时代,墨子的"兼爱"说就成为众矢之的,其中,儒家"亚圣"孟子的批判,极具代表性。从孟子近乎人身攻击的批判中,我们可以更为清楚地看出儒墨的异同以及墨子"兼爱"论的突出之处。

(3)"兼爱"与"差等之爱"。

我们知道,孟子在中国历史上以"正人心、息邪说、放淫辞"的卫道精神著称于世。而他的"息邪说、放淫辞"的主要表现,就是针对当时的显学杨朱、墨子之学的所谓"辟杨墨"。

《孟子·滕文公下》曾说:

杨氏为我,是无君也;墨氏兼爱,是无父也;无父无君,是禽兽也。……杨墨之道不息,孔子之道不著,是邪说诬民,充塞仁义也。

"邪说"、"淫词"、"禽兽"、"邪说诬民"等等,可以说是留存至今先秦儒家与人论战的最激烈的文字,它正体现了孟子维护儒家正统的急切心态。不过人们通常认为,孟子与杨朱和墨子在基本观点上的差异主要在于:孟子很强调仁义道德的超功利性;而杨朱则把"为我"与"利己"联系在一起,墨子也总是把"兼相爱"与"交相利"联系在一起,因而流露出功利主义的倾向。其实并非如此,在上面这句充分体现孟子"息邪说、放淫辞"精神的名言中,他批判的矛头根本没有指向杨朱和墨子的功利主义,而是直接指向了"为我"和"兼爱"本身,他认为,"为我"就是"无君","兼爱"就是"无父","无父无君"就是"禽兽"。倘若考虑到孟子自己也曾经把"仁政王道"与"七十者衣帛食肉,黎民不饥不寒"(《孟子·梁惠王上》)联系在一起,甚至还明确主张"亲之欲其贵也,爱之欲其富也",我们就更不能说孟子是把仁义道德与实用功利截然割裂开来的。毋宁说,孟子之所以"辟杨墨",正在于他清醒地认识到,杨朱的"为我"和墨子的"兼爱"从根本上触动了儒家主张的"爱有差等"、"爱有亲疏"的要害,从而对"亲亲"、"尊尊"的礼乐等级秩序带来严重的冲击。

儒家的差等之爱认为,"爱"并非普遍平等地付出,而是要分等级和层次的,根据血缘关系的远近不同,所施所受的爱也有原则上的差别。要推己及人,由亲及疏,由近及远地施爱,即要求以对父母兄弟之爱为同心圆的圆心,层层外推,逐渐扩充到对宗族、国家和社会的爱,其中"亲亲"之爱最真实、最浓厚。这就是说,差等之爱其实是建立在以血缘关系为纽带的周礼所谓的"亲亲"原则之上的。

> 亲亲、尊尊、长长、男女之有别,人道之大者也。(《礼记·丧服小记》)
>
> 仁者人也,亲亲为大。(《中庸》)

> 孝悌也者，其为仁之本与。(《论语·学而》)

以上都表明了这一点。

根据差等之爱的原则，儒家甚至还提倡"父为子隐"。据《论语·子路》篇记载，有个名叫叶公的人对孔子说："我家乡有一个非常正直的人，他的父亲偷了人家的羊，他的儿子不徇私情，勇敢地揭发他父亲的偷盗之举。"孔子则说："父亲出于亲情为儿子隐瞒违法之事，儿子出于孝敬为父亲隐瞒违法之事，才称得上正直。"以现代人的眼光看，如果法律要求防止并惩治偷窃的话，这样的父子互隐，绝对是与法律相悖的非法之举。而在孔孟看来，父为子隐，体现的是一个"慈"字；而子为父隐，体现的则是一个"孝"字。"慈"乃为父之道，"孝"乃为子之道，此二者，凝结着家庭成员之间长期形成的十分宝贵的情感，关系到家庭的和谐与稳固，再没有什么比这个更重要的了。不仅如此，家庭作为教育实施的重要场合，在一个人的社会化过程中发挥着不可替代的关键性作用。今天是父为子隐、子为父隐，明天便有可能是君为臣隐、臣为君隐。一个不慈、不孝之人，必然同时也是一个不惠、不忠之人。

然而墨子在这个问题上的看法显然与孔孟不同。墨子的"兼爱"，其根本目的不在于血缘亲情的维护，而在于天下公义的实现，所以，任何违背公义之事，不论他是自己的什么人，都必须一视同仁地反对。在《墨子·天志下》篇中，墨子指出，无论是进入别人的果场菜园偷窃人家的桃、李、瓜、姜；还是翻越别人的围墙，去抢夺人家的子女；或者翻越人家的牛栏马圈，盗取人家的牛马牲畜，甚至洞穿人家的府库，偷窃人家的金玉布帛，都确凿无疑是"不义"之举，其性质不会因各人的身份、地位之不同而有所改变，其罪也不应由于各人的身份、地位而有所变化。对于这种"不义"之人，墨子强调，无论是谁，哪怕他是自己的亲人,也不能再亲之爱之,而是要制之罚之了。

不义不富,不义不贵,不义不亲,不义不近。(《墨子·尚贤上》)
故虽有贤君,不爱无功之臣;虽有慈父,不爱无益之子。(《墨子·亲士》)

以上讲的都是这个意思。而《吕氏春秋·去私》篇所载墨家巨子腹䵍大义灭亲的故事,便是墨子这一思想最好的写照:

墨者有巨子腹䵍,居秦,其子杀人,秦惠王曰:"先生之年长矣,非有它子也,寡人已令吏弗诛矣,先生之以此听寡人也。"腹䵍对曰;"墨者之法曰:'杀人者死,伤人者刑',此所以禁杀伤人也。夫禁杀伤人者,天下之大义也,王虽为之赐,而令吏弗诛,腹䵍不可不行墨者之法。"不许惠王,而遂杀之。

在墨子看来,社会中的许多罪恶和不平等现象都是由于这种"差等之爱"造成的。在《墨子·尚贤下》篇中,墨子即明确指出:

今王公夫人,其所富,其所贵,皆王公大人骨肉之亲、无故富贵、面目美好者也。今王公大人骨肉之亲、无故富贵、面目美好者,焉故必知哉?若不知,使治其国家,则其国家之乱,可得而知也。

这就是说,儒家的"差等之爱"和"亲亲"原则,导致现在的王公大人,其所富的所贵的都是王公大人们的骨肉之亲,用这些无功受禄之辈治国理邦,根本不能够保证他们有足够的治国理邦的能力和智慧,如果确实没有这种能力和智慧,则让他们来治理国家,国家的混乱也就可想而知了。所以,墨子坚定地主张爱无差等、不避亲疏,强调"不党父兄,不偏富贵,不嬖颜色"(《尚贤中》),认为在王法面前,没有父子,只有贤与不肖;在国家百姓人民之利面前,没有孝与不孝,只有利与不利。

同时,"差等之爱"还非常典型地体现在儒家的丧葬制度之上,所以墨子对于儒家的丧葬制度给予了非常激烈的批评。有关批评的详情,我们在上一章阐述墨子"节葬"的思想时已有详细的介绍,在此只引用墨子的一段非常具有代表性的话来说明这一点。在《墨子·非儒下》篇中,墨子说:

儒者曰:"亲亲有杀,尊贤有等。"言亲疏尊卑之异也。其《礼》曰:"丧,父母,三年;妻、后子,三年;伯父、叔父、弟兄、庶子,期;戚族人,五月。若以亲疏为岁月之数,则亲者多而疏者少矣,是妻、后子与父同也。若以尊卑为岁月数,则是尊其妻、子与父母同,而亲伯父、宗兄而卑子也。逆孰大焉?其亲死,列尸弗敛,登堂窥井,挑鼠穴,探涤器,而求其人矣,以为实在,则赣愚甚矣;如其亡也必求焉,伪亦大矣!"

按照儒家的"亲亲"原则,血缘关系的远近不同,则服丧的时间也长短不等,如服父母丧为三年,服妻、嫡子丧也是三年;服伯父、叔父、兄弟、庶子丧则为一年;为外姓亲戚服丧则为五个月。墨子则认为,儒家的这些规定恰恰违反了差等之爱的原则,因为无论从亲疏还是尊卑关系看,妻子、长子均不能与父母同等对待,而儒家主张同为三年之丧,则无疑是莫大的忤逆。可见,儒家所谓的"亲亲"、"尊尊"的差等之爱,其实不过是自欺欺人、自取其辱。至于他们的父母死后,陈列起尸体而不马上装殓。反而上屋、探井、掏鼠穴、查看涤器,而为死人招魂,则更是愚蠢至极的举动。甚至可以说,不仅愚蠢,而且虚伪。

然而,墨子以普遍、平等的"兼爱"为原则,对儒家"亲亲有杀,尊贤有等"的"差等之爱"进行的批驳,在以血缘宗法制为政治人伦纲常的中国古代社会,却是注定不能博得喝彩的。在汉代以后儒家学说上升为帝国政治意识形态的指导思想之后,孟子对于墨子"无父无君"、"是为禽兽"的评价几乎成为定论,得到历代正统文人的维护。清代墨学研究者张惠言就毫不讳言地说孟子骂"兼爱"骂得好:

孟子不攻其流而攻其本,不诛其说而诛其心,断然被之以无父之罪,而其说始无以自立。

并认为《墨子》一书没有亡佚,其最大的历史功效就是充当了很好的"反面教材",证明墨子的罪过和孟子的高明:

藉使墨子之书尽亡,至于今,何以见孟子之辩严而审简而有要如是哉?(《书墨子经说解后》)

不过,进入近代以来,随着平等意识的觉醒,清末民初以降的学人终于认识到了墨子"兼爱"思想的现代价值。他们多以"兼爱"之所爱不分亲疏厚薄而赞许墨家,并以此贬责主张"亲亲"而爱有差等的儒家。如戊戌六君子之一的谭嗣同就曾明确表示,墨子的"兼爱"思想是其代表作《仁学》的理论源泉。梁启超更是大声疾呼:"欲救中国,厥惟墨学!"由此可知,墨子以"兼爱"为核心的思想在中国近代历史上曾激励过不少仁人志士前赴后继,为实现公正、平等的社会理想而努力!

(4) 兼爱与交利。

墨子讲"兼爱",还常常与"利"相并提,如"兼相爱,交相利"、"爱利万民"、"爱人利人"、"相爱相利"等等。在墨子的观念中,"兼爱"必然表现为具体的事功,没有实际事功的爱就不能称作真正的爱。所以,墨子的爱并非单纯的道德理想,它必须落实到"交相利"的最终结果上来。

不仅如此,墨子几乎所有的主张都仅仅地与"利"字联系在了一起。墨子因"兼爱"而"非攻":

> 国都不相攻伐,人家不相乱贼,此天下之害与?天下之利与?即必曰:天下之利也。(《墨子·兼爱下》)

因"兼爱"而鳏老有所终,孤童有所长,其价值仍被归结于"利":

> 今唯毋以兼为正,即若其利也。(《墨子·兼爱下》)

墨家尚主张"尚贤"、"尚同"、"节用"、"节葬"、"非乐"、"非命"、"右鬼"、"法天",所有这些都各自体现某种价值,但此类价值却又无一不辐辏于"利"。墨子甚至也袭用了"仁"、"义"、"忠"、"孝"等儒家用语,不过"仁"、"义"、"忠"、"孝"等几乎都被赋予了"利"的内涵。《墨子·经上》谓:"仁,体爱也","义,利也","忠,以为利而强低也","孝,利亲也"。这"仁"、"义"、"忠"、"孝"显然皆非自有其根,它们最终仍须以"利"的价值衡定自身的价值。

那么,墨子所谓的"利",究竟所指为何呢?

> 利,所得而喜也。(《墨子·经上》)

这就是说,"利"包括了物质利益、(人身、国家)安全、心理满足等各个方面的综合比较后的利益等等。但是需要进一步辨析的是,"利"有公私之分,有利己、利他之别。凡是人的行为是为一己之利的,完全从自己出发的,就是利己主义的伦理观;而凡是人的行为是为别人的、公利的,谋求有利于他人以及集体、团体、民族、国家的利益的,就是利他主义的伦理观。那么,墨子的"利"又是属于哪个层面的呢?是利己利私的呢?还是利他利公的呢?

有人认为,墨子以"交利"作为兼爱的目的,所以他的爱人不是出于一种发自内心的自然情感,而是免祸求福的手段;爱人的目的不在于道德自身的需要,不是出于道德心,而是权衡利害之后的选择,所以墨子的"兼爱论"乃是功利主义的。历史学家郭沫若在《十批判书·孔墨批判》中甚至认为墨子"这一套学说并不重在爱人,而是重在利己";而且"爱人的重心也不在人而在财产,是把人民当作一种财产"。

这种说法,其实曲解了墨子的本意,也是对墨子不惜自苦、为天下之公义的实现而"赴火蹈刃,死不还踵"的侠义精神的无视。其实,墨子也多次明确指出,"兼爱"之"利",就是指"天下之大利",如:

仁人之事者,必务求兴天下之利,除天下之害。今吾本原兼之所生,天下之大利者也;吾本原别之所生,天下之大害者也。是故子墨子曰别非而兼是者,出乎若方也。(《墨子·兼爱下》)

在《经说上》篇中,墨子更明确地将"利"定义为"义":"义,利也",而"义"则正是天下之公利:"义,志以天下为芬(分),而能能利之,不必用。"相反,损人利己或者损害他人、集体、民众利益的行为就是"不义":"义,利;不义,害"(《墨子·大取》)。

孟子曾经用非常形象和精练的语言对于杨朱和墨子的核心思想做了一个对比，他说：

> 杨子为我，拔一毛而利天下，不为也。墨子兼爱，摩顶放踵，利天下，为之。(《孟子·尽心上》)

这就是说，由于杨朱把自己和天下(他人或社会)对立起来看，因此，损害自己的利益、减少自己快乐的事情是绝对不干的，其中心思想是"为我"；与之相反，墨子是以他人为中心的。为了他人的快乐，自己情愿受苦受难。这样看来，杨朱更接近于功利主义思想，而墨子则是功利主义的对立面。

当然，墨子在陈述自己的主张时也有不少容易使人产生误解的言论。就是为了使他人接受自己的观点，他往往采取以利相诱的方式进行言说，如：

> 爱人利人者，天必福之；恶人贼人者，天必祸之。(《墨子·法仪》)

这就以天的赐福与降祸来劝秀人们接受"爱人利人"的"兼爱"主张。在《大取》篇中，他甚至更为明确地提出了爱别人并非不爱自己、无差等地爱自己也就是爱人的观点：

> 爱人不外己，己在所爱之中。己在所爱，爱加于己。伦列之爱己，爱人也。

也正因此，导致了那种认为墨子是功利主义者的观点。

其实,墨子以利示人以劝导他人服膺自己主张的情形并不止以上列举的例子,如此前我们引述墨子《兼爱下》篇中的"兼士"与"别士"、"兼君"与"别君"的例子,墨子就是以"兼士"与"兼君"方可实现个人利益最大化来说服人们接受"兼爱"的。在同篇中墨子还说:

必吾先从事乎爱利人之亲,然后人报我以爱利吾亲也。

这似乎是将爱利他人之亲,看作为别人报我以爱利我的双亲的手段。"利他"一旦成为"利己"的手段,则墨子的"兼爱"就不能不说是一种以"利己"为目的的功利主义伦理观了。

对此,我们必须强调指出,要准确把握墨子的"兼相爱,交相利"思想,就必须对"思想"与"语言"之间的关系有更清醒的认识。可以说,墨子不仅有"绝对命令"式的伦理观,而且有论证和宣传的具体手段。我们认为,和很多思想流派或者教派一样,墨子也是有两套语言系统的。一种是墨子的思想原则和墨家学派的行事原则,如同佛家的"自了义",这是墨子思想的最高境界,它是以"天下之公利"为最终目的的利他主义;一种则是墨子对学派之外的人宣扬自己的思想所使用的论证方法,如同佛家的"方便法门"或者儒家的"神道设教",因此有时显得颇为"势利"。也就是说,墨子在论证自己的观点时,经常采用博弈论的论证策略,而博弈论就是建立在对"最终收益"的预期和"行动策略"的分析的基础之上的。如果我们把视角集中在墨子论证和宣扬解说自己学说的文字上,那么我们就自然会产生墨子的思想是利己主义的想法。但必须认识到,这只是墨子为了使人接受自己观点的"方便说法"而已,而决不是墨子的最终主张。从墨子的"摩顶放踵利天下,为之"的行事原则和墨者为天下公义的实现"赴火蹈刃,死不还踵"的行事风格看,墨子无论如何都不可能是功利主义的。

当然,墨子为了认定的目标"赴火蹈刃,死不旋踵",这种对于一己利害置之度外的态度无疑正是建立在"兴天下之利"的价值取向之上的。"利"确实是理解墨子以"兼爱"为核心的一切思想观念的一个无法回避的概念。而这也正与儒家"罕言利"的态度大相径庭。孔子曾说:

君子喻于义,小人喻于利。(《论语·里仁》)

孟子也曾告诫一心想着"何以利吾国"的梁惠王说:

何必曰利?亦有仁义而已矣。(《孟子·梁惠王上》)

如果说孔子所贬斥的与"义"相对的"利"主要还是个人之"利"的话,那么,在孟子那里,相形于"仁义"的"利"已经涉及"国"之"利"了。但"国"之利毕竟还不是"天下之大利",如果以墨子所经心的"天下之大利"质问孔孟,孔孟未必就会一力排拒的,不过,无论如何,对于儒家说来,"义"决不至于归结于"利",即使此"利"是"天下之利"也是如此。这一点儒墨之别,也是我们认识墨子"兼相爱,交相利"思想时应该有所了解的。

2. 非攻

墨子的"非攻"无疑正是其"兼爱"思想的延伸。"兼爱"要求所有人互爱、互利,依兼爱的要求去爱人利人即是"义",反之,害人杀人就是"不义"。"不义"有很多种表现形式,如偷盗、抢劫和杀人等等,而造成大规模人员伤亡的战争,自然是最大的"不义"了。所以,要行义,就"兼爱",就不能不反对战争,提倡和平,这就是墨子的"非攻"。

可以说,以反战为根本目的的"非攻",乃是墨子实践"兼爱"学说的最直接体现。

正如"兼爱"的提出是墨子针对其所处时代的种种"不义"的社会乱局而提出的一样,墨子的"非攻",同样是针对战国以来越来越频繁也越来越惨烈的诸侯战争——所谓"大国之攻小国,大家之乱小家"——而提出的。

(1) 军礼失落。

墨子生活的时代,被人们称为"战国"时代。仅从"战国"的名称看,也不难想见,"战争"的频仍在某种意义上称得上是这一时代不可磨灭的深刻印记。历史的事实也正是如此。

顾炎武曾经概括战国时期的政治情况说:

> 春秋时犹尊礼重信,而七国则绝不言礼与信矣;春秋时犹宗周王,而七国则绝不言王矣;春秋时犹严祭祀、重聘享,而七国则无其事矣;春秋时犹论宗姓氏族,而七国则无一言及之矣;春秋时犹宴会赋诗,而七国则不闻矣;春秋时犹有赴告策书,而七国则无有矣。邦无定交、士无定主。……不待始皇之并天下,而文武之道尽矣。(《日知录·周末风俗》)

可见,春秋之后的战国时代,在政治领域发生了许许多多的重大变化,当然,其中也包括战争。无论从战争的数量、规模、方式乃至破坏力等方面看,战国时代的战争都发生了引人注目的变化,这无疑也是墨子特别强调"非攻"、并多次投身于"非攻"止战的实践中去的直接诱因。

历来,春秋时期被认为是"礼坏乐崩"的时代,从某些方面来看,固然有其道理。但从当时整个社会的状况来看,周礼及其长期形成的礼俗传统,仍然在形式上或现实中影响着社会各个阶层的人们,制约着人们的行为,规范着人们的言行。即使在兵戎相见的战争中,也能看到脉脉温情的礼的大量存在。也就是说,西周时期所确立的礼乐文明,表现在军事领域,就是以一整套"军礼"来指导与制约具体的军事行动。

战争和礼,在现代人的眼中,或许是风马牛不相及的两件事,但是在春秋时期141年间发生的、见于记载的480余次战争中,却时时处处体现着礼的存在,因此也构成了春秋时期战争的一大特点。

公元前638年,宋、楚两国在泓水交战。宋国军队在战斗开始之前便列阵于泓水北岸,在楚军涉水渡河之时,宋国司马子鱼向宋襄公建议,趁机半渡而击,而宋襄公却毫不犹豫地否决了这个利用有利条件先发制人的方案,他说:"君子作战,敌人已经受伤失去战斗力就不再去重创他,也不会俘虏年老的敌军兵将,更不可以主动去攻击尚没有列好阵势的敌军。"结果宋军静待楚军列阵完毕后方才投入战斗,最终落得几乎全军覆没,宋襄公自己也中箭负伤,不久亡故。宋襄公在泓水之战中的言行在今天看来近乎愚蠢,如有学者就对宋襄公在泓水之战中的表现极力贬斥,说他"实行蠢猪式的仁义道德,失去良机而致败,成了一个历史上的笑柄"①。殊不知,宋襄公的行为正是依照古代军礼而行的。《淮南子·氾论训》在对春秋与后世战争进行了认真的比较研究后说:

> 古之兵,弓剑而已矣,槽矛无击,修戟无刺。晚世之兵,隆冲以攻,渠幨以守,连弩以射,销车以斗。古之伐国,不杀黄口,不获二毛。于古为义,于今为笑。古之所以为荣者,今之所以为辱也;古之所以

---

① 白寿彝:《中国通史》第三卷,上海人民出版社1994年版,第372页。

为治者,今之所以为乱也。

认为后世的战争观发生了变化,而导致了军礼的消失,以至将军礼的应用视为笑柄。从《淮南子》所记载的"古之伐国,不杀黄口,不获二毛"可见,宋襄公在泓水之战中的"蠢猪式的仁义道德",只是他遵循了古代的军礼而已。

事实上,宋襄公泓水之战的例子并非孤例,在其之后在战争中遵守相关礼仪的类似例子亦大量存在。如在公元前597年爆发的晋楚邲之战中,"晋人或以广队(坠)不能进,楚人惎(教)之脱扃,少进。马还,又惎(教)之拔旆投衡,乃出,顾曰:'吾不如大国之数奔也'"(《左传·宣公十二年》)。当两军阵上致刃交战之际,楚军居然还教敌人如何将陷入泥泞中的战车拖出来以便于逃脱,结果还招致对方的一番奚落,这在今天看来未免非常不合情理。然而在当时,这恰恰是战场上贯彻"军礼"的必有之义,并不怪诞。

又如,在公元前575年发生的晋楚鄢陵之战中,楚、郑联军战败,晋军实施战场追击,晋军将领韩厥、郤至等人在交战中都曾有机会擒获协同楚军作战的郑伯,然而他们却拒绝了部下的建议,停止追击,而让敌手逃逸。不仅如此,郤至本人还曾"三遇楚子(楚共王)之卒。见楚子,必下,免胄而趋风",向敌国国君竭尽恭敬之礼,而楚共王也不含糊,"使工尹襄问之以弓"(《左传·宣公十二年》),回报以礼物和慰问。这实在有些不可思议。其实这并不是郤至等人的道德境界有多高尚,而不过是他们忠实地遵循"军礼"的规范行事而已。《国语·周语中》就明确道出了这一点:

三逐楚君之卒,勇也;见其君必下而趋,礼也。

孟子曾说"春秋无义战"，我们从以上几个发生在春秋时代的战例看，他的说法不能不说有些绝对。其实，纵览春秋时期的战争，基本上还是非常遵守当时战争的礼仪规则的，可以说，由于"军礼"的存在，那时的是战争在今天看来，就好像是一场大型的、可能导致流血牺牲的"游戏"。

关于军礼的内容，由于文献的零散庞杂，头绪繁多，我们根据学者的研究成果①，从以下几个方面简单地进行介绍，以便于读者了解当时战争的基本情形，并由此作为我们考察墨子所在的战国时代战争的一个重要参考。

首先，春秋时代的战争一般要师出有名。此时的战争仍被作为政治惩罚的一种，只是代人罚罪的主角由周天子变成了诸侯，即"礼乐征伐自诸侯出"，后来甚至成了"自大夫出"（《论语·季氏》)，但其基本的前提并没变，就是在出征前要遍告诸侯以出师的理由，在征讨有罪之国时，还要鸣钟击鼓声讨其罪。

征伐以讨其不然。(《左传·庄公二十三年》)
伐不祀，征不享。(《国语·周语上》)
凡君不道于其民，诸侯讨而执之。(《左传·成公十五年》)
兴甲兵以讨不义。(《司马法·仁本》)

诸如此类表明，只有当对方犯有"凭弱犯寡"、"贼贤害民"、"放杀其君"等严重罪过时，才可以兴师征讨。而被征伐的国家则往往会派使

---

① 有关春秋"军礼"的基本情形，本书参考了黄朴民：《从"以礼为固"到"兵以诈立"——对春秋时期战争观念与作战方式的考察》(载《学术月刊》2003年第12期)、徐杰令：《春秋战争礼考论》(载《东北师大学报》2000年第2期)等文章的研究成果，特此指出。

者询问对方出师的理由,如果对方师出无名,使者就会据理力争,以"有辞"迫使来师退兵。襄公三十一年,齐国派兵讨伐鲁国,鲁国即派使者质疑其出兵理由,齐人理屈,于是退兵。这种使者以片言只语退敌的事例,《左传》中还有很多。

其次,军队出征前还要履行一整套礼仪。

国之大事,在祀与戎。(《左传·成公十三年》)

战争是春秋诸国都十分重视的大事,因此在出师前都要举行隆重的礼仪,如卜战和告庙等。卜战,即卜问出战之吉凶。如果吉,决定出兵,则还要举行告庙之礼,向上天和先祖禀告出征的理由并祈求佑护。同时,还在祖庙中举行向士卒分发武器的仪式。最后,还要杀牲以犒赏士卒。

再次,军事行动有"不加丧,不因凶"的限制。如果不得已而从事战争,就必须在军事行动中贯彻"礼"、"仁"一类的原则,"以礼为固,以仁为胜"(《周礼·夏官·大司马》《司马法·仁本》),正因此,所以战争必须做到"不加丧,不因凶"(同上),也即不允许在敌国君王去世或发生灾荒等重大变故之际发兵攻打对方。国君之丧,也是春秋诸国的大事,所以又称"国丧"。逢有国丧,依礼,各同姓邦国和有同盟关系的异姓邦国都要派使臣吊丧、送葬,如果受征伐的国家有国丧,出兵之国就要主动退兵,否则,会被认为是"不德"的违礼之举,将会受到其他诸侯国的谴责。如《左传·襄公四年》载,楚国原先计划攻陈,当年三月,陈公死,于是楚国中止了这次军事行动。又如《左传·襄公十九年》载,晋国率军攻齐,当军队快开进齐国时候,传来了齐灵公去世的消息。晋军统帅当即决定停止进攻,班师回国。而襄公十四年,吴乘楚有共王之丧而伐楚,被楚击败。在向之会上吴欲以诸侯之师再次伐楚,但因其伐丧之举有违军礼,所以作为主持会盟的晋"范宣子数吴之不德也,以退吴人",坚决地拒绝了吴国的出兵请求。

即使在兵刃相见的战场上,战争礼仪仍然需要遵守。宋襄公所谓"君子不重伤,不禽二毛"、"不鼓不成列"等说法,其实就是交战中礼仪的一个部分。另外还有不少,如不伤国君,国君是一个国家社稷的代表,是天命的具体体现。不仅平时要尊敬之,在战场上也要对之礼遇有加,不可随意伤害和俘获。在繻葛之战中,郑国祝耽"射王中肩",并欲乘势俘获周桓王。郑庄公就坚决反对:

君子不欲多上人,况敢陵天子乎!苟自救也,社稷无陨,多矣。

夜里,郑庄公还专门派人"劳王,且问左右"。

另外,在两军交战中不斩来使的礼节也得到普遍遵守,春秋之时,朝、聘、告、报之使往来频繁,即使在殊死拼杀的战场上,使节往来也是十分平常之事。而且,交战双方都信守军礼,礼遇使者,即"兵交,使在其间可见"(《左传·成公九年》),如果违反军礼擅杀使者,就会被斥为无信。如成公九年晋栾书伐郑,郑派伯蠲为使节求和,晋杀之,《左传》斥之为"非礼"。

最后,在战争善后措施上,战国以前的战争也往往依礼采取相对宽容态度,即所谓"服而舍人"。这种战争所追求的是"以势服人"的境界,即通过武力威慑或有限征伐的手段,树立自己的威信,迫使其他诸侯臣服于自己。这一目标既已达到,便偃兵息武,停止军事行动,给予敌方以继续生存的机会。因而当时的战争往往军事威慑多于会战,《孙子兵法》所云"伐交"便是典型的军事威慑之法。其本义就是通过布列阵势,显示强大实力,震慑敌人,而逼迫其退缩或降服,这也正是三代与春秋前期通行的"观兵"威敌之法的理论总结与升华。① 可以说,春秋时代的所谓的"霸主",一方面固然兼并小国、壮大自己;另一方面,在同其他大、中型国家发生战争时,则多以双方妥协或敌方屈服为结局,而彻底消灭对方武装力量、摧毁对方政权的现象则比较罕见。

也正是因为有以上种种战争礼仪的存在,所以在战国以前的战争,一般而言其规模、剧烈程度、破坏力以及持续时间等都能控制在一定的范围之内。而到了战国时代,随着社会变革的日趋剧烈,战争形态也发生了巨大变化。战争所受传统礼制的约束已日渐衰弱,宋襄公之流在战场上所奉行的那一套"正大不诈"的原则,日益被讲求"诡诈奇谋"战法原则所取代。用班固的话来说,便是:

自春秋至于战国,出奇设伏,变诈之兵并作。(《汉书·艺文志·兵书略序》)

刘向《战国策书录》也如是说战国时期的战争:

愍然道德绝矣……贪饕无耻,竞进无厌,国异政教,各自制断;上无天子,下无方伯;力功争强,胜者为右;兵革不休,诈伪并起。

新的战争指导观念的形成,当然主要取决于战争方式的演变。在春秋中叶以前,军事行动中投入的兵力一般不多,范围也较为狭小,如著名的城濮之战,晋国方面所动用的兵车仅 700 乘而已。春秋五霸之一的齐桓公,也只有八百乘兵力,共三万人。(参见《国语·齐

---

① 黄朴民:《孙子"伐交"本义考》,载《中华文史论丛》2002 年第 1 辑。

语》)而战争的胜利也主要靠戎车兵团的会战来取得,在较短的时间之内即可决定战争的胜负,通常来说,当时的车战时间往往几个时辰,最多一天就见分晓。只有极个别情况是当天未决胜负,夜间暂行休战,以等待次日再战。值得指出的是,当时的车战战法也类似于中世纪的重甲骑士比武,只是规模大了许多而已,可以称得上是"绅士的战争"。战争的过程一般是:双方约定时辰,地点一般在平原旷野,列阵一般是横阵,车在前,徒兵在车后,以鼓为令,两军对冲,由于徒兵行动缓慢,因此战车也不能太快,每行进一段,还需要短停以整理队伍,双方进入弓箭射程后,先互射以尽量打乱敌方队形,最后是两车交错,以长戈大戟对啄对刺,再近身则以剑盾互博……因此,经过几番冲杀,队形先行溃乱一方即为"败绩"。

而进入春秋晚期之后,随着"作丘甲"、"作丘赋"等一系列改革措施的推出,"国人当兵,野人不当兵"的旧制逐渐被打破,军队成分发生巨大变化,实际上开始推行普遍兵役制,兵力急剧增加。晋国在鲁昭公时,全国有49个县,每县有100乘兵力,共有4900乘,每乘以30人计,就有近15万人,外加"徒兵"等,当更不止此数。楚国在楚灵王时,单是陈、蔡、东西不羹四县,"赋皆千乘"(《左传·昭公十二年》),已有4000乘兵力,再加申、息等,当有万乘,兵力有数10万人。到了战国时代,各大国的军队人数就有30万至100万之多。据《战国策》记载,秦、楚有"带甲百万,车千乘,骑万匹";魏有"武卒"、"奋击"等70万,车600乘,骑5000匹;齐有带甲数十万;赵也各有"带甲"数十万,车千乘,骑万匹;韩有带甲数十万(一说30万);燕有带甲数十万,车700乘,骑600匹……与此同时,战争地域也明显扩大,战场中心渐渐由黄河流域南移至江淮汉水流域,加上弓弩的改进,武器杀伤力的迅速提高,使得作战方式也发生重大的演进,具体表现为步战的地位日渐突出,车步协同作战增多,激烈的野战盛行,战争带有较为持久的性质,进攻方式上也比较带有运动性了。

而与上述变化相适应,春秋晚期起战争的残酷性也达到了新的程度。孟子所谓"争地以战、杀人盈野;争城以战,杀人盈城"(《孟子·离娄上》)的现象,越来越多地出现在战国时期的战争中。如马陵之战,魏国尽"起境内之众",结果"覆十万之军";济西之战,"燕昭王悉起兵",乐毅留徇齐五岁,下齐城70余城;伊阙之战,秦将白起进击韩、魏联军,"斩首二十四万";特别是长平之战,赵军死亡人数竟高达45万。虽然古籍记载的数字不免有夸大之处,但也足以说明战国时期的战争已发展为带有"总体战"的性质,经常全国总动员,一次战役可杀敌数万以至数十万,这是以往从来未曾有过的。总之,战国时的战争规模远较春秋为大,不仅参战人员众多、伤亡损耗巨大,而且战场幅员广、持续时间长,一次战争,有的包括若干战役,或者同时有若干战场。

战争不仅规模越来越大,残酷程度越来越高,而且也越来越频繁。据统计,从周元王元年(前475年)至秦王政二十六年(前221年)的254年中,仅见诸史籍的大小战争就有230多次,几乎每年都有战争发生。《春秋》所载242年间,弑君二十六、亡国五十一,诸侯奔走不可保其社稷者不可胜数。到战国时代,兼并战争更加频繁,以至到战国中期,诸侯国已由春秋时期的147国,锐减到万乘之国七个、千乘之国五个。在列国兼并、群雄争霸的过程中,夹在诸侯列强之间的宋、郑、鲁、卫、蔡等小国、弱国,成为大国弱肉强食的对象,饱受蚕食鲸吞之苦。战火所过之处,城摧垣破,土地荒芜,死者枕籍,民不聊生。

面对这样的情形,以"兴天下之利,除天下之害"为理想的墨子,自然不可能无动于衷。他的"非攻"理论也正是在这一背景下提出的。

(2)"非攻"理论。

对于战国时代战争的残酷性,墨子深有体会。他指出:

今攻三里之城、七里之郭……杀人多必数于万,寡必数于千。(《墨子·非攻中》)

于此为坚甲利兵,以往攻伐无罪之国,入其国家边境,芟刈其禾稼,斩其树木,隳其城郭,以堙其沟池,攘夺其牲牷,燔溃其祖庙,刭杀其万民,覆其老弱,迁其重器,卒进而柱乎斗。(《墨子·非攻下》)

在侵略者的铁蹄之下,家园荒芜,城池遭毁,宗庙坍废,百姓死难,国家残破,亡国之民即使幸存,也因为战争而失去赖以生活的手段,不得不忍受着丧家亡国之痛而流离失所。

战争的残酷和危害不仅伤及被侵略的国家,对于入侵者也同样好不到哪里去。墨子在《非攻中》篇中进一步分析道,对于侵略者而言,冬天行军寒冷难耐,夏天行军暑热难当,所以一般不会在冬、夏二季行军作战。但是,在春天行军作战,就必然会荒废百姓翻耕种植;在秋天行军作战,又必然会芜废百姓收获聚藏。显然,荒废了其中任何一季,就会有数不胜数的百姓因饥寒交迫而死。有常识的人稍加计算都会知道:出兵时所用的不可胜数的竹箭、羽旄、帐幕、铠甲、大小盾牌和刀柄,拿去用后终归会弊坏腐烂;精心制作的戈矛、剑戟、兵车,拿去用后终归会破碎弊坏;牛马带去时都很肥壮,回来时全部瘦弱,至于去后死亡而不能返回的,也往往多得数不胜数。战争时因为道路遥远,粮食的运输有时中断不继,士卒百姓因而死亡的,也往往多得数不胜数;战争时百姓兵卒居处不定,饥饱难料,而由此病死当途的,也往往多得数不胜数;至于军士临阵而亡的更是多得无法计算了。总之,贻误农时,影响生产;空耗物资,牺牲百姓,战争的结局即使对于胜利的一方而言,也是"计其所自胜,无所可用也;计其所得,反不如所丧者之多",也就是说,对于侵略者,即使战胜,其实也得不到多少实际的好处,反而还得和受侵略者一样饱受战争之苦。正反两面可见,侵略战争永远都是一件损人而不利己的行为,因此,必须坚决反对。

不过,墨子对于战争后果的分析未必能够使鼓吹发动侵略战争者("饰攻战者")心服口服,毕竟当时的大国楚、吴、齐、晋,始封之时不过方圆数百里,人口不过数十万,正是通过不断的征战,土地和人口才数十成百地倍增。对此,墨子的解释是:虽然有那么几个国家从攻战之中得到好处,但并不能以此证明攻战就是放之四海而皆准的正道。就好像医生给有病的人开药方一样,假如他的药剂给天下有病的人服,一万个人中只有四五个人的病治好了,就不能说这方药是可通用的。(参见《墨子·非攻中》)这种解释显然不足以服人,毕竟"饰攻战者"所推崇的正是少数国家能利用攻战而获利,墨子的解释只是说攻战不是一个放之四海而皆准的正道,难免有偷换概念之嫌。

相比之下,墨子通过一些强大诸侯国因穷兵黩武而衰亡的例子来反驳"饰攻战者",似乎更有说服力。他以吴国夫差和晋国智伯的例子说明这一点。吴王夫差在其父王阖闾征战七年的基础上,进一步四出攻伐,使吴国成为一个九夷宾服、越王屈膝,甚至齐国也见之退避三舍的貌似强大的大国,但后来终因其自恃武力强大,夸大自己的功业,吹嘘自己的才智而招致越国的复仇,以致身死国亡。从前晋国有六位将军,而其中以智伯最为强大。他以为用攻战的方式最容易取得霸主地位,便不断采取战争方式扩大势力。先是攻打中行氏,并占据其地;然后又去进攻范氏,并大败之;后来又在晋阳围攻赵襄子。于是,韩、魏、赵三家认识到了"唇亡齿寒"的道理,决心联合起来,戮力同心,合击智伯,结果智伯也是战败而亡。夫差和智伯同因攻战而强大,但同样也因攻战而亡,因此,墨子认为攻战最终并不能给发动攻战者带来利益。

墨子的"非攻"反战,当然还不仅仅停留在现实利害比较的层面之上,他进一步从法理层面对宣扬战争的理论进行了严词批驳。他说:

> 今有一人,入人园圃,窃其桃李,众闻则非之,上为政者得则罚之。此何也?以亏人自利也。至攘人犬豕鸡豚者,其不义,又甚入人园圃窃桃李。是何故也?以亏人愈多,其不仁兹甚,罪益厚。至入人栏厩、取人牛马者,其不仁义,又甚攘人犬豕鸡豚。此何故也?以其亏人愈多。苟亏人愈多,其不仁兹甚,罪益厚。至杀不辜人也,拖其衣裘、取戈剑者,其不义,又甚入人栏厩,取人牛马。此何故也?以其亏人愈多。苟亏人愈多,其不仁兹甚矣!罪益厚。当此天下之君子皆知而非之,谓之不义。今至大为攻国,则弗知非,从而誉之,谓之义。此可谓知义与不义之别乎?
>
> 杀一人,谓之不义,必有一死罪矣。若以此说往,杀十人,十重不义,必有十死罪矣;杀百人,百重不义,必有百死罪矣。当此天下之君子皆知而非之,谓之不义。今至大为不义攻国,则弗知非,从而誉之,谓之义,情不知其不义也。

这就是说,盗窃违法,杀人有罪,皆是因为它们"亏人以自利",而判定违法、有罪的基本标准,乃是其损害他人的程度,所谓"亏人愈多,其不仁兹甚,罪益厚",这是社会普遍承认的公理,即使到了今天,也是各国法律普遍遵循的基本原则。但是,承认掠夺他人财产、伤害他人生命的行为有罪,而对于通过战争手段侵略他国,大规模掠夺他国财产、屠杀他国民众,却以各种理由不认为这是不义的犯罪行为,甚至还要加以称颂"谓之义",这在逻辑上讲是强词夺理的强盗逻辑,在法理上讲就是"必有百死罪"甚至千万"死罪"的犯罪行为。因此,既然反对偷盗杀人等个人犯罪行为,就同样应该主张"非攻"反战。

　　正因为此,墨子还深刻地认识到,战争不仅无助于人类争端的化解,反而会激发更大的矛盾,招致人际、国际更大的仇恨。他在反驳公输般"钩拒"之利的言论时指出:

　　今子钩而止人,人亦钩而止子,子强而拒人,人亦强而拒子,交相钩,交相强,犹若相害也。(《墨子·鲁问》)

公输般以自己发明的战争利器"钩拒"夸耀于人,无异于为穷兵黩武张目,其结果只会是永无休止的杀伐攻戮。所以,墨子认为,即使是天子也没有资格发动战争,要从根本上解决争端,就必须顺从"天志",倡导"兼爱",这样,墨子站在宗教终极关怀的立场上提出了反对一切侵略战争的观点。

　　墨子认为,"天志"是"爱利百姓"的,它对天下一切人"兼而有之",它"率天下之百姓以从事于义"。所以,即使那些"杀一不辜者","天志"也必将"予之不祥",而对于那些"大为不义攻国"者,则自然不会放过。在墨子看来:

　　顺天意者,义政也;反天意者,力政也。

所谓"义政",即是:

　　处大国不攻小国,处大家不篡小家,强者不劫弱,贵者不傲贱,多诈者不欺愚。(《墨子·天志上》)

反之,即是所谓"力政"。这种从"天志"论立场出发的反战理论,体现了墨子力图超越当时盛行的国家利益至上的流行观点,在他所处的时代对于宣扬战争有利论的"饰攻战者",无疑是极为有力的抨击,同时也使之超越了以孔子为代表的儒家所提出的"礼乐征伐自天子出"的有限和平理论。

值得一提的是,墨子尽管主张"非攻",但并不是不分青红皂白地反对一切战争。他反对的只是"大攻小"、"强执弱"一类"不义"的侵略战争。当时的好攻伐之君、"饰攻战者",为了粉饰自己的好战行为,故意混淆"义"与"不义"的区别,将为满足一己私利发动的侵略战争与那种基于道义、讨伐暴君以安定社会的战争混淆起来,举出禹征有苗、汤伐桀、武王伐纣的史实,来诘难墨子的非攻主张。墨子认为,这是犯了不"知类"、不"明故"逻辑错误。在他看来,"不义"的"攻"与"义"的"诛"是截然不同的:

墨子完成止楚攻宋的壮举后,由楚国返回鲁国。途经宋国时,天下大雨,城门紧闭。墨子想到闾中(里巷大门内)避雨,守城者竟不让墨子进去。

> 子未察吾言之类,未明其故者也。彼非所谓"攻",谓"诛"也。(《墨子·非攻下》)

有苗、夏桀、商纣等暴虐无道,大禹、商汤、武王等应天命而诛讨之,这是正义对不义的讨伐,与那种攻伐掠夺为目标的侵略战争是绝对不能混淆的。某种意义上也可以说,禹征有苗、汤伐桀、武王伐纣等等"诛讨"行为是为了实现真正和平的义举。由此也可以看出,墨子的和平观是有着鲜明的是非观和价值论作指导的,他反对攻伐、赞成诛讨,都是服务于其"兴天下之利,除天下之害"的根本宗旨的,绝非不讲原则的犬儒主义。

墨子崇尚正义、赞美和平,并不仅仅停留在理论层面,相反,他是一个不折不扣的行动的和平主义者。在墨子看来:

> 政者,口言之,身必行之。(《墨子·公孟》)

任何思想学说,必须切实地将之付诸实践,否则就是毫无意义的信口开河。对于他的"非攻"理论,墨子同样注重身体力行。为了消饵战争,实现普遍的和平,他和他的门众不辞辛劳,席不暇暖,上说下教,四处奔走,试图以正义的呐喊与谆谆劝导来遏止攻伐掠夺的暴行。这也使他的反战非攻之说在先秦诸子中独树一帜,成为墨家学派的一个极为重要的特色。在墨子的反战非攻的实践中,止楚攻宋、三劝鲁阳文君息战、阻齐犯鲁等,即是其中最具代表性的典型事例。

3. 备御之法

墨子认为,"惟非攻,是以讲求备御之法",从"非攻"出发,《墨子》还用了相当篇幅论述了作为弱小国家如何积极防御的问题。如同我们在上一章中墨子"止楚攻宋"的过程中所看到的那样,墨子深知,光讲道理,楚惠王一类的大国君主是不会轻易放弃战争的,因而他在反复陈说其"兼爱"、"非攻"思想的同时,还"深谋备御",以积极防御制止以大攻小的侵略战争。这些研究防御作战的论述,集中在《备城门》以下11篇(包括:《备城门》《备高临》《备梯》《备水》《备突》《备穴》《备蛾傅》《迎敌祠》《旗帜》《号令》《杂守》等篇,习称"城守各篇"或"城守诸篇"),形成了一个以城池防守为核心的防御理论体系。

(1) 城防战备。

墨子认为,防御作战必须从战前动员、严明军令、后勤补给以及人才储备和调配等战略高度进行全面统筹,方才可以立于不败之地,对此,《墨子》"城守"各篇中进行了非常详尽的记录。《墨子·备城门》篇即有只要准备充分、配备合理、战术得当,四千老弱妇孺防守十万敌军也"足以应之"的说法:

客攻以遂,十万物之众,攻无过四队者,上术广五百步,中术三百步,下术五十步。诸不尽百五步者,主人利而客病。广五百步之队,丈夫千人,丁女子二知人,老小千人,凡四千人,而足以应之,此守术之数也。

也就是说,城防不是野战,城池的宽度有限,敌人纵有10万之众,也必须以队列的方式进攻,因此,城守部队只需男子1000人,成年女子2000人,老小千人,共4000人,就足以应付了。现代兵家常说:"战略上藐视对手",面对10万大军的进攻,4000老弱兵力就足可应付,墨子的豪言确实够"藐视对手"的了,但这种藐视,无疑正是建立在战争之前充分准备的前提上的。墨子认为,做好战备工作的首要一条就是预为之计,事先做好城防救守的筹划工作。《墨子·备城门》说:

时召三老在葆宫中者,与计事得行,行德计谋合,乃入葆宫。

就是说,战前应及时召集那些有经验有名望的老人,与他们在一起分析敌我双方情况,谋划战争过程中可能遇到的不利或有利的情况,以便早做准备,尽量减少战争中意外情况的发生。这种"未战先谋"的思想是中国古代兵家的一个传统思想,所谓"用兵之道,先谋为本"。《孙子兵法·始计》篇开首讲的就是战前的谋划计算,谓之"庙算",它说:

夫战而庙算胜者,得算多矣;未战而庙算不胜者,得算少矣。《管子·七法》曰:"凡攻战之道,计必先定于内,然后兵出乎境。计未定于内而兵出乎境,是战之自败,攻之自毁也。"

山东滕州墨子纪念馆 连弩车模型

《墨子·备梯》篇曾以历史上的经验教训告诫人们:"古有其术者,内不亲民,外不约治;以少间众,以弱轻强,身死国亡,为天下笑。"这就是说,"战略上藐视对手"是有前提的,古代也曾有精通守城方法的人,但对内不亲抚百姓,对外不缔结联盟,自己兵力少却疏远兵力多的国家,自己力量弱却轻视强大的国家,结果送命亡国而终遭天下人耻笑。这就从安内靖外的角度指出了充分的备战对于国家安危的重要性。

墨子认为,对于城防之事而言,有七种祸患,而每一祸患都足以使"敌至国倾",这七种祸患是指:内外城池壕沟不修;外交乏力,战时无友邦援手;空耗民力民财,备战物资匮乏;士人但求自保自福,同仇敌忾之气不鼓;国君无忧患戒备之心;奸佞得势,忠臣无用武之地;法令不明,军纪不整。(参见《墨子·七患》)这就表明,只有在战前进行后勤、军备、外交、内政等各个方面的充分准备,才能有效地消除这些祸患,创造守城防御战斗中的有利条件和主动地位,赢得防御作战的最终胜利。

墨子止楚攻宋,破解公输般云梯攻城术

与城防"七患"相对应,《墨子·备城门》篇更进一步总结出了防守围城的14个必备条件,即:(1)城池厚实而高大;(2)城外壕沟和护城河深而且宽;(3)城角的望楼得到精心修缮;(4)守城的器械装备精良;(5)城内的粮食柴草足以支持三个月以上;(6)守城人员众多且经过选拔训练;(7)守城官民团结和睦;(8)守城之将中,多为国建立功勋者;(9)国君仁义守信,百姓安居乐业;(10)守城民众父母的坟墓在此,因而拼死相守;(11)有富饶的山林草泽可以利用;(12)地形易守难攻;(13)守城军民对敌人有深仇大恨而对君主有大功;(14)国君的奖赏明确可信而刑罚严厉可怕。墨子认为,城防战备就应该从这

14个条件入手进行,只要这14个条件一一具备,那么民众就绝对不会产生疑惧,从而众志成城,城池才可以万无一失。而如果这14个条件一个都不能达到,则即使是最善于防守的将领也回天无力。有学者说,这14条防守被围之城的原则"着眼于全局,着眼于长远,综合了军事、政治、经济、地理、人和、法制、将领、百姓、资源等各个方面的联系,因此不愧是一种从实际出发的高明的战略战术。"①

具体而言,墨子的城防战备至少在粮草辎重等战备物资的储备与管理、全民动员、城防工事的建设、城防法纪的制定、城防器械制造、战时通讯识别系统的建设乃至国内政治、国际外交的预先安排等多个方面进行了巨细靡遗的筹划与说明。

云梯:云梯并非一个简单的梯子,它带有防盾、绞车、抓钩等多种专用攀城工具

(2)城防战法。

当敌军临城之际,城防战役就进入到了实操阶段。一般而言,当时常用的进攻方法有12种之多,即《墨子·备城门》篇所谓的"临、钩、冲、梯、堙、水、穴、突、空洞、蚁傅、轒辒、轩车"等攻城之法。墨子本着"兵来将挡,水来土掩"的原则,一一给出了破解方法。这些城防战法当然是建立在广大军民的群策群力以及战前所进行的周密的战略部署、多道防御工事的建设等基础之上的,同时也需要大量让人眼花缭乱的守城工具和武器的配合,如渠答、籍车、行栈、行楼、桔槔、连梃、长斧、长镰、攻椎、攻锄、钩拒、礌石、蒺藜、飞冲车、悬(梁)、批屈、连弩车、转射机以及戈、矛、剑、戟等等。

---

①李殿仁:《墨学与当代军事》,中国书店1997年版,第50页。

由于《墨子》一书中存在不少佚失散乱,关于墨子破解"十二攻"的方法的记载目前仅存六篇,即《备高临》《备梯》《备水》《备突》《备穴》《备蛾傅》,且仅存的六篇文字也有不少缺失,但依据相关史料,我们还可以大致考见其主要内容。结合其中一些器具在后世运用的实例,我们可以看出墨家之守的基本面貌及其相当惊人的历史影响。①

总之,墨子所列举的12种攻城手段,既有以利用攻城器械为主的方式,如利用"临车"、"轩车"等可以登高侦察或居高临下发动攻击,利用"轒辒"运兵填濠,利用"云梯"登城,利用"冲车"、"钩车"破坏城垣等等,也有利用土木工程为主的方式,如"穴"攻是利用挖掘地道,"距堙"是利用积土成坡或运土填濠,"空洞"是凿毁城墙等等;同时还有直接发动进攻的方式,如引水灌城的"水"攻、破突门强入的"突"攻以及人海战术的"蛾傅(蚁傅)"等,毫不夸张地说,这几乎穷尽了古代攻城的一切手段。而墨子针对这些令人眼花缭乱的攻城方式,水来土掩,兵来将挡,如同运筹帷幄的大将,一一给出了令人信服的破解方式,其中运用反制器械的得心应手、协同作战的机巧多变,不能不让人对这个距今两千多年以"兴天下之利,除天下之害"为志的古代思想家心生赞服。这一点,不仅在百家争鸣人才辈出的先秦时代绝无仅有,即使放眼整个中国古代历史,也可以说是唯此一人!

(四) 尚贤与尚同

面对当时动荡不宁的政治乱局和社会不公,墨子真诚果敢地向世人宣称:

---

① 有关详情,可参拙著《侠之大者——墨子》,江西教育出版社2008年版,第198—215页。

> 天下无人行义,则我更要勉力而为,奋力行义!(《墨子·贵义》)

这种不惜自苦勇于担当的精神与情怀,体现得如此强烈和急切,以至于被当时某些自命高明的人视为"狂疾"。其实,墨子这种"狂疾"般的救世情怀,并不仅仅只是一种面对种种"不义"的愤激情绪的高调宣泄,更不是一种似"世人皆醉我独醒"般刻意的特立独行,相反,在墨子自苦行义甚至为天下公利不惜牺牲的背后,是他始终保持清醒的头脑。"墨子十义"就是其面对社会乱象深思、积淀后的产物,而"墨子十义",首当其冲的第一条,则是最集中代表墨子政治主张的"尚贤"和"尚同":

> 凡入国,必择务而从事焉。国家昏乱,则语之尚贤、尚同。(《墨子·鲁问》)

对于墨子"尚贤、尚同"论的理解,往往存在两种截然不同的观点,强调墨子的"尚贤"论,则认为其在先秦贵族宗法政治中独树一帜,提出"选贤任能"的观点,具有现代"民选政治"的民主色彩,谭嗣同、梁启超、蒋维乔、吕振羽等人即持这种观点;而强调墨子的"尚同"论者,则认为墨子主张"上之所是,必皆是之;所非,必皆非之"(《墨子·尚同上》),乃是一种专制极权主义的理论,如郭沫若先生就明确指出,墨子的"尚同"学说乃是"一权独擅"的"专制"[1],墨学专家陈柱也认为这是"秦政焚书坑儒偶语者弃市的厉阶"[2]。然而本书则认为,以墨子"尚同"论为专制极权张目的说法固然可以在《墨子·尚

---

[1] 郭沫若:《读梁任公〈墨子新社会之组织法〉》,载《创造周报》第七号,1923年6月23日。
[2] 陈柱:《阐墨》,载《国学论衡》第六期,1935年12月31日。

同》篇中找到不少支持其观点的论据,但对"尚同"论的考察,不能将之从与"尚贤"论的联系中割裂开来,也即,尚贤是尚同的前提,尚同思想要从对尚贤思想的分析中确定自身的意义边界。同时,更要考察墨子"尚同"论提出的历史背景,即"国家昏乱"。如此,墨子的政治论说方能得到更全面的理解。

当然,另一方面也不能完全否认,墨子"尚同"论中有不少可以为专制政治利用的思想资料,由于历史的局限,墨子虽然提出了不少可贵的颇具现代民主色彩的政治理想,但对于民主如何能够真正实现却缺乏必要的认识,这也是我们进入其政治思想论说之前必须了然于胸的。

1. 尚贤

所谓"尚贤",就是选拔任用有能力的人才担当国家政务,即所谓的"选贤任能"。墨子认为,一个国家的当务之急是选拔、使用大批贤能人才。他建议用多种办法来选拔众多的贤者,此即"选贤"。然后根据他们的能力大小,给他们以一定的权力和地位,让他们从事国家的各级行政管理工作,此即"任能"。

(1) 何以尚贤。

为什么说要以"尚贤"作为理解墨子政治理论中"尚同"论的必要前提呢?这是因为,在墨子看来,"尚贤者,政之本也"(《墨子·尚贤上》),也即"尚贤"乃是"为政之本",决定着一个国家的兴衰存亡。

尚贤多利

墨子认为,"尚贤"既有利于君主,也有利于百姓,因此也有利于整个国家。

首先对于君主而言,如能得贤士而用之,"则谋不困,体不劳,名立而功成.美彰而恶不生"(《墨子·尚贤上》),"可以致君见尊"(《亲士》),就是说,君主尚贤可以使自己事业成功,名声昭著,受到尊敬。其次,如使贤者治邑,会"早出暮入、耕稼树艺、聚菽粟,是以菽粟多而民足乎食",可以"食饥息劳,将养其万民"(《墨子·尚贤中》),就是说,统治者让贤士治理百姓,可使百姓免除饥饿,得到休息,丰衣足食,因而尚贤也是"百姓之利"。其三,贤良之士是"国家之珍"、"社稷之佐",是否尚贤,关系着国家的存亡。

> 入国而不存其士,则亡国矣。见贤而不急,则缓其君矣。非贤无急,非士无与虑国。缓贤忘士,而能以其国存者,未曾有也。(《墨子·亲士》)

就是说,贤士是国家的瑰宝、社稷的柱石。不亲任贤士,国家有危难就无人献策效力,国家就会灭亡。只有君主尚贤,国家才会兴盛,只有任用贤能,方可使"国家治而刑法正"、"官府实而财不散"、"菽粟多而民足乎食"。因而"尚贤"对国家也有利。

此外,尚贤还有利于教化民众、改变社会风尚。只要君主举贤者任官长,使天下士君子皆知"欲富贵而恶贫贱"、"莫若为贤",就会有更多的人"相率而为贤者",社会上就会形成为贤向上的良好风气。而且对君主而言,"近朱者赤,近墨者黑",如果能够尚贤,亲近贤士,自身也会受到好的感染、影响,成为有道之君。

总之,在墨子心目中,"尚贤"不仅是一种选拔人才的制度和办法,而且还是一种社会运行机制,这种机制关系到全国各层人士的价值取向,对全国各层人士都具有垂范和教育的作用。可见,墨子的"尚贤"思想无疑是具有举足轻重的意义的。

犬彘之喻

那么,当时的执政者,即所谓的"王公大人"们难道就不懂这一简单的道理吗?墨子认为,现在的王公大人确实有其"不明"、不知的地方,这种"不明",倒也不是一无所知,而主要体现在"明其小而不明于大",小事聪明而大事糊涂。

《墨子·贵义》反问说:

> 世之君子,使之为一犬一彘之宰,不能则辞之;使为一国之相,不能而为之。岂不悖哉!

这些王公大人竟然把为一国之相治理国家看得比管理一犬一猪还易于对付,真是荒唐至极!墨子对这些不知尚贤的王公大人和无自知之明而在位的不贤者进行讽刺和抨击,意在引起执政者们对尚贤的重视,他说,现在王公大人治理国家,都希望国家富强、人民众多、刑政治理,然而结果却往往适得其反,这正是因为他们不懂得"尚贤"的道理。在一个国家中,如果贤良之士多,那么国家的治绩就大;如果贤良之士少,那么国家的治绩就小。所以王公大人的急务将是如何使贤人增多。

亲亲贤贤

应当说,王公大人之所以在治国理政的层面上不以"尚贤"为本,这既与他们"明其小而不明于大"有关,更与当时的社会历史背景大有关系。也即,这里既有不懂("不明")的问题,也有不能或不愿的问题。

从历史的角度看,自西周创立分封制以来,家天下的政权组织形式经过数百年的发展,已经牢不可破。所谓"普天之下,莫非王土;率土之滨,莫非王臣",正是周天子家天下的生动写照。虽然经过春秋之"礼坏乐崩",周天子的地位远非昔日可比,甚至形同虚设,但这不过是政治权力从"大家"到"小家"或在不同的"家"之间相互转换而已,丝毫没有改变"家天下"的实质。这样,王公大人们在处理行政权力安排、权利的分配等重大的利益问题时必然唯亲是举,因为在家天下或家族本位的基础上,一切政治问题首先是一个家族内部的利益分配问题,因而"骨肉之亲"、"血缘纽带"的"亲亲"原则必然成为其考虑政治问题的首要原则。

而从当时人们所普遍接受的观念来看,自孔子创立儒家的"为政"学说开始,即有"举贤才"的主张,但是,作为其整个学说基础的"仁"却是以体现"亲亲"原则的"孝悌"为本的,他并不否认"亲亲有术,尊贤有等",仍然主张"故旧不遗"(《论语·泰伯》),"故旧无大故,则不弃也"(《论语·微子》),从而不可能与世卿世禄制彻底决裂。到了孟子,就更为直接地将"仁"归结为"亲亲",认为"仁之实,事亲是也"(《孟子·离娄上》),这样,其举贤任能便只能最终成为血缘基础上的"亲亲"之道的延伸,即举贤任能必须首先在"骨肉之亲"的范围内展开。

也正是因为从政权的结构形式到人们普遍遵从的观念,都在以"亲亲"原则为基础,阻碍着唯才是举的"贤贤"原则的实现,所以对王公大人们而言,"尚贤"又自然成为他们不能或不愿的选择。

背周用夏

当墨子以尚贤为"为政之本"时,表面看来,似乎仅仅是和儒家唱反调,从而试图以其"贤贤"取代儒家的"亲亲"之道。实际上,墨子对儒家"亲亲"之道的反对,决不能仅仅从争夺政治话语权力的策略角度来简单理解,"贤贤"和"亲亲"所表现的两种为政观念是以更为深刻的分歧为背景的。儒家的亲亲之道,从根本上说,是西周宗法制的产物,是为适应周王朝血缘宗法统治的需要而提出的。这也就是孔子所谓"吾从周"的实质意涵。《淮南子·要略》说:

> 墨子学儒者之业,受孔子之术,以为其礼烦扰而不悦,厚葬靡财而贫民,久服伤生而害事,故背周道而用夏政。

其实,墨子"背周道而用夏政"固然有其反对儒家"礼烦"、"厚葬"、"久服"等方面的原因,但从根本上说,则更深刻体现为墨子背弃了西周以"亲亲"为原则的血缘宗法制,背弃家天下、私天下,而还政于无私、无我的公天下。因为在宗法制的基础上,是根本不可能彻底推行唯才是举的"贤贤"之道的。

而这也正体现了墨子"尚贤"主张的难能可贵。在当时的社会历史背景和传统观念笼罩下,墨子的"背周道而用夏政",可谓一场思想观念的革命。

那么,一个人具有什么样的标准,才称得上真正的"贤"呢?

(2) 何者为贤。

《墨子·尚贤上》篇明确给出了"贤"的标准:

> 贤良之士,厚乎德行,辩乎言谈,博乎道术者乎!此固国家之珍而社稷之佐也。

可见,"贤"的标准有三,即德行醇厚、言谈辩给、道术宏博。

厚乎德行

显然,墨子将人之德行作为"贤良之士"的首要标准。《墨子·尚贤下》篇说:

为贤之道将奈何?曰:有力者疾以助人,有财者勉以分人,有道者劝以教人。若此,则饥者得食,寒者得衣,乱者得治。

这正是将为贤的第一标准"厚乎德行"具体化了。墨子以"德"为贤士的第一标准,也可以看出他所谓的"尚贤"并不能简单地被理解为"唯才是举",相反,高尚的情操和人格应是一切从政者的第一标准。因此,墨子在《修身》篇中更明确地指出:

君子之道也:贫则见廉,富则见义,生则见爱,死则见哀。

总之,在这一点上,墨子有关"贤"的标准,与儒家区别并不大。

辩乎言谈

墨子所谓"贤良之士"的第二个标准是"辩乎言谈",即能言善辩,这不仅与儒家反对"巧言令色"、主张君子贤人"讷于言而敏于行"的思路大相径庭,即使对于今天的现代人而言,也会多少有些不易理解。其实,墨子一贯重"辩",他在《耕柱》篇中也曾把"能谈辩"作为"为义"的三个方面的工作之一。那么,墨子为什么会如此看重被儒家轻视的谈辩呢?《墨子·非命下》篇给出了答案:

今天下之君子之为文学、出言谈也,非将勤劳其喉舌,而利其唇

吻也,中实将欲其国家邑里万民刑政者也。

也就是说,墨子之重谈辩讲说,并不是想要使其喉舌勤劳、嘴唇利索,以逞一时口舌之利,其真正目的在于为国家、邑里、万民的政治服务。也即,讲说谈辩乃是实现政治目标的主要手段。

其实,墨子自己一生的政治实践活动,基本上都是围绕讲说谈辩展开。他四处奔走,上说下教,不断与人争辩,并宣传自己的主张。为此,他"上说诸侯,下说列士","遍从人而说之"。为了提高论辩效果,他和他的门徒们还专门研究了辩学,即逻辑学。墨辩逻辑与印度的因明学、古希腊亚里士多德逻辑学并称为世界三大古典逻辑体系。而在其聚徒讲学过程中,谈辩之学也一直是其最为重要的课程之一。

博乎道术

"博乎道术"是成为贤良之士的第三个标准。"道术"即处理各种实际问题的才能和知识,主要是指管理国家各级行政事务的理论和方法。《墨子·尚贤中》篇说:

> 故可使治国者使治国,可使长官者使长官,可使治邑者使治邑。凡所使治国家,官府,邑里,此皆国之贤者也。

山东省枣庄市滕州墨子纪念馆外观

因为"尚贤"的目的就是选拔贤能之人从事国家各级行政管理,实现贤人政治,作为贤者来说,必须能够胜任所担负的管理工作,否则自然不足为贤。

后两条标准都与能力和才干有关,可见,墨子眼中的贤者应该是德才兼备,这既是统治者选贤的条件,也是墨家培养教育的目标。推而广之,每个人都应该努力使自己成为贤者,都应该把这三条作为自我修养的目标。

另外,墨子对"贤良之士"还提出了一些比较具体的要求。如:若治理国家,则要求早上朝而晚退朝,以审听刑狱,处理政务;若治理官府,则要求晚寝早起,征收关、市、山林、川泽的税利,以充实官家府库;若治理都邑,则应该早出晚归,翻耕种植,多聚豆粟,等等。只有如此,才能达到国家有治而刑法严正,官府充实而万民富足的政治目的。

(3) 如何尚贤。

尚贤为"政之本",何者为"贤"的标准也已给出,接下来的问题就是:如何才能实现"尚贤"的政治目标呢? 也即,如何招延俊秀、聘求名士? 如何知人善任、任贤使能呢? 自古以来,网罗人才,进贤纳士,都是历代管理者的首要课题,然而其进贤之策、纳士之方却各有不同。清代学者赵翼在总结魏蜀吴三国的招贤方法的不同时曾说:

> 人才莫盛于三国,亦惟三国之主各能用人,故得众力相扶,以成鼎足之势。而其用人亦多有不同者,大概曹操以权术相驭,刘备以性情相契,孙氏兄弟以意气相投,后世尚可推见其心迹也。

可见,魏蜀吴三国在任贤使能方面可谓各显神通、各有绝招,那么,墨子的"尚贤"之道,又是如何得以实现的呢?

有容乃大

对于贤者应当有尊重的态度。贤能之士都有独立的人格,他们一般都是有棱有角,不唯命是从,所以不好驾驭和管理。但是他们却可以因其才能出众而胜任重要工作。《亲士》篇用比喻的方法,讲了这个道理:

良弓难张,然可以及高入深;良马难乘,然可以任重致远;良才难令,然可以致君见尊。是故江河不恶小谷之满己也,故能大。圣人者,事无辞也,物无违也,故堂为天下器。是故江河之水,非一源之水也;千镒之裘,非一狐之白也。

任用贤者必须有海洋一样的肚量,才能容纳使用更多的贤才。常言道:宰相肚里能撑船,因为宰相为百官之首,他要有大的肚量,才能调动百官的积极性为国家工作。作为国君,应该有比宰相更大的肚量,因为宰相也是国君选拔任用的,也是为国君效力的人才。

任人唯贤

墨子希望君主学习古代圣王,他:

尊尚贤而任使能,不党父兄,不偏富贵,不嬖颜色。贤者举而上之,富而贵之,以为官长;不肖者抑而废之,贫而贱之,以为徒役。(《墨子·尚贤中》)

就是说,选用人才不必考虑亲疏、贫富、贵贱、美丑,而应以是否贤能适任为唯一的标准。

在亲贤关系上,墨子反对统治者"亲戚则使之",反对将"宗族父兄故旧,以为左右,置以为正长"(《尚贤中》),因为亲戚未必智慧,如果使愚昧者治理国事,国家只会混乱,所以他反对任用"骨肉之亲",主张"不党父兄"。

在富贵与贤能的关系上,墨子主张不论富贵还是贫贱,一律唯贤是举。他说:

> 虽在农与工肆之人,有能则举之。高予之爵,重予之禄,任之以事,断予之令。(《尚贤上》)

虽出身于贵族,"无能则下之",使"官无常贵,民无终贱"。他反对官职的世袭制,要求赋予手工工人、农民等下层劳动者做官的权利。在官职的任用上应该"不偏富贵",对于出身于富贵家庭的不肖者,要剥夺他们做官的特权。

此外,墨子还主张举用士人要处以公心,不要夹杂个人的爱憎好恶。要"举公义,避私怨",还要做到"不壁颜色",即不要因为"面目美好"而任用,不要貌取人,不要无功授禄。

墨子认为,统治者不仅要"尊尚贤",还要"任使能"。具体说来,就是要用其所长,知人善任。

众贤三本

墨子认为,对于一个国家来说,"贤良之士众,则国家之治厚;贤良之士寡,则国家之治薄"。国家是否治理兴盛,与贤士的多少密切相关。因而"大人之务,将在于众贤"。统治者的主要任务,就是要"众贤",即培养、选拔和任用众多的贤才。

怎样使一个国家贤士众多、人才济济呢?墨子主张运用赏罚手段,对贤士重赏,对不肖者和暴徒重罚。只要"赏当贤"、"罚当暴",人们劝赏畏罚,就都会争当贤良。这样,国家的贤士就会逐渐众多起来。具体说来,众贤的办法就是要对已有的贤士"富之,贵之,敬之,誉之",使他们"始贱卒而贵,始贫卒而富",换句话说,就是对贤士要"高予之爵,重予之禄,任之以事",给他们高贵的官爵、丰厚的俸禄、充分的信任、重大的权力。

墨子在此基础上进一步提出,要选拔更多的贤者,就必须立下三项根本,即"三本":

爵位不高,则民不敬也;蓄禄不厚,则民不信也;政令不断,则民不畏也。

总之,就是要给予已有的贤士盛名、高官、美爵、厚禄、重权。以此号召天下人争当贤士,国家的贤士才会众多。此外,《墨子》一书中还有《修身》篇,专谈士人成为贤良之士的途径,这里不再赘述。

听言迹行

为了确保"尚贤"政策的真正落实,墨子还进一步提出要对"贤良之士"进行全面地监督、考察:

听其言,迹其行,察其所能而慎予官。(《墨子·尚贤中》)

具体而言,可分为"任前"、"任中"及"任后"三个环节。

首先是"任前试用制"。墨子反复提到的尧举舜、舜举禹之事,其任前都有一个试用期。根据《竹书纪年》《尚书》等古代典籍的记载,尧在确立舜为接班人后,对其德行才干进行了三年的考察,方才禅位于舜;而舜在传位于禹之前,更经历了20年的试用考察。墨子所谓"听其言,迹其行,察其所能",也就是要在任前试用之后方可"慎予官",其实这就是任前考察和试用制,考验合格后方可正式任命为政长。

其次是"任中监督制"。《墨子·亲士》篇说:即使有贤君,他也不爱无功之臣;即使有慈父,他也不爱无益之子。所以,凡是不能胜任其事而占据这一位置的,他就不应居于此位;凡是不胜任其爵而享受这一俸禄的,他就不当享有此禄。这无疑暗示了对各级官员在任中实行监督的必要性。

> 闻善而不善,皆以告其上。(《墨子·尚同上》)

这就是说,各级官员管辖下的百姓,其监督对象是普遍的,即使"上有过",也当毫不犹豫地"规谏之"。这确实有任中监督制的色彩。

最后是"任后追究制"。这里所谓"追究",主要是通过后人的毁誉来作为标准的。墨子说,尧、舜、禹、汤、文、武六王,功名盖世,百姓至今仍称誉着他们。而桀、纣、厉、幽,则后世子孙毁之,万民从之而非之曰"暴王"。这种追究,当然不是现代法律意义上的追究,而是一种道义评价式的追究,它来自于民心而非国家的执法机关。

总之,墨子的"尚贤"思想充分体现了他的平民意识,代表了大多数无权无势、处于社会低层的平民百姓的良好愿望。德才面前人人平等,这个思想打破了西周以来的宗法世袭制,是人才思想乃至政治思想史上的一大进步。

2. 尚同

所谓"尚同"有两层主要含义,第一层含义就是以"义"来统一天下,即要求天下人有一共同的是非标准,这就叫"一同天下之义"(《墨子·尚同中》)。第二层含义则是要求下级必须服从上级的意志,里同一于乡,乡同一于诸侯,诸侯同一于天子,天子同一于天,层层上同,上同于天。

如前所言,墨子以"尚贤"为"政之本",尚贤是墨子政治理论的核心观点。因此,"尚同"论的提出也是建立在"尚贤"论的基础之上的,否则,就难以理解作为战国时期平民百姓思想代表的墨子会提出下级必须服从上级的观点。墨子"尚同"论的实质是,只有"一同天下之义"才能致天下之太平,使社会稳步地发展。而要达到这一目标,就必须把贤人政治推广到全国,让贤能之人做各级正长,作为下级的楷模,由他们"一同天下之义"。著名哲学史家张岱年先生就明确指出:

尚同实以尚贤为根本。尚同须"选天下之贤可者立以为天子",离尚贤,则尚同不可讲。①

也就是说,"尚同"要求天下之人服从天子,但不是要求人们服从肆无忌惮的暴政,而是以"天下之贤可者"为服从对象。

另外,在战国时代,诸侯异政,征战不休,建立一个统一的、强有力的政权机构,可以说是当时社会的一个内在要求。墨子提出"尚同"论,要求"一同天下之义",某种意义上也是这一社会要求的体现。墨子所说的"国家昏乱,则语之尚贤、尚同"(《墨子·鲁问》),即表明了这一点。

当然,墨子认为,其"尚同"论的提出,还有更深远的历史背景,这就要从他的国家起源论说起。

---

①张岱年:《中国哲学史大纲》,中国社会科学出版社1997年版,第594页。

(1) 何以尚同。

为什么要"尚同"呢？墨子是通过考察刑政、正长的产生，即国家、政权的起源来解释这个问题的。

人人相敌

墨子指出，在原始初民社会，没有国家行政机构存在，也没有行政首长。可以说，是一种彻底的无政府状态，因此，社会也没有统一的是非标准，每个人都有自己判断是非的标准，于是：

> 一人则一义，二人则二义，十人则十义，其人兹众，其所谓义者亦兹众，是以人是其义，以非人之义，以交相非也。（《墨子·尚同上》）

这就是说，一人有一个是非标准，两人就有两个是非标准，10个人就有10个是非标准，人越多，则是非标准就越多。各人又都认为自己是正确的，所以就要攻击、指责他人的错误，如此，整个社会就形成了相互攻击的局面。家庭内父子兄弟常因意见不同而相互怨恨，使得家人离散而不能和睦相处；天下百姓"交相非"，则互相为敌、各不相让，甚至谋财害命、互相毒害。以致有余力的人不去帮助别人，有余财者宁愿让它腐烂也不拿来与人分享，有好的道理也自己隐藏起来，不肯教给别人。所以人心散乱，各行其事，正与禽兽一样。

墨子对初民社会的描述与17世纪英国哲学家霍布斯所谓的"自然状态"论颇为相似。霍布斯认为：

> 在任何政治还不存在的自然状态下，人人欲保持个人的自由，但

是又要得到支配旁人的权力,这两种欲望都受自我保全冲动主使。由于它们的冲突,发生了一切人对一切人的战争,把人生弄得"险恶、残酷而短促"。在自然状态下,没有财产,没有正义或不义,有的只是战争,而"武力和欺诈在战争中是两大基本美德"。①

简言之,在天下没有正长约束的情况下,人与人之间就像狼一样。不过,在霍布斯的"自然状态"后还隐藏了一个深刻的人性论假设,即人的本质是自私自利的,为了保存自己,有时难免伤害他人。但是,墨子更多的是从"人各有己义"即社会缺乏统一的是非标准的角度论述社会的混乱和无道。

建国止乱

与霍布斯一样,墨子认为自然状态或无政府状态绝非人类社会所理想的状态。他指出,人们必须从混乱的痛苦中清醒过来,认识到混乱的根源在于没有共同的是非标准、国家行政组织以及行政首脑,于是就开始选择一位贤良、有才能、有辩才的人为天子,由他来统一天下的是非标准("义"),并指导人们的行动。

天子确立以后,感到只凭自己的耳目不能统一天下的议论纷争,于是又选择了贤良、有德才之人,使之为三公,以协助天子从事统一天下是非的工作。天子、三公确立了,天下地域广大,他们对于远方异邦的人民以及是非利害的辨别,还不能一一了解,所以又把天下划为万国,然后设立诸侯国君,以便统一天下之是非。诸侯国的国君确立了,然而仅靠国君一人的耳目难以完成统一一国之是非的工作,于是就从这些国家中选出有德有才的人,立为将军、大夫以至于乡里之

---

① 罗素:《西方哲学史》(下),商务印书馆1982年版,第71页。

长，协助国君做好统一是非之工作。这样，从天子、三公到诸侯、大夫、乡里之长，就形成了一个自上而下的有秩序的系统，这个系统就是我们今天所说的国家。

国家的起源，如同一个极具思想挑战力的谜题，自古以来的许多思想家都曾提出过各自不同的答案。有人认为国家起源于人的自私自利的本性，有人认为国家起源于人的欲望和要求，有人认为国家起源于原始初民的契约，也有人认为国家起源于上帝的安排。墨子认为，国家起源于道义的纷争，当然这里的道义中包含了功利的因素。这一思想产生于两千年前，不同凡响。因为这个理论实质上揭示了国家产生的必然性，并指出了国家出现的进步性。当然，墨子的国家起源说也不仅仅是出于探讨谜题的兴趣，而更与他的"尚同"论密切相关，乃是他论证天下同一的根据。

（2）如何尚同。

有了各级政长，"尚同"也就获得了制度的保障。其具体程序是自上而下的"政之"。《墨子·天志上》说：

是故庶人竭力从事，未得次己而为政，有士政之；士竭力从事，未得次己而为政，有将军、大夫政之；将军、大夫竭力从事，未得次己而为政，有三公、诸侯政之；三公、诸侯竭力听治，未得次己而为政，有天子政之。

这就是墨子所设计的理想的政治关系，它是一个由天子、三公、诸侯、将军大夫、士、庶人等等不同等级组成的自上而下的统治系统，上对下是"政之"，即统治和管理，下对上则是服从，上下级之间的关系不容淆乱：

> 无从下之政上，必从上之政下。

墨子认为，有了这个统治管理系统，天下的思想行动就可以得到统一，混乱就可以得到消除，社会就可以安然有序地稳定发展。

那么，如何确保这样的统治管理系统正常有序地运作呢？墨子提出了以下几点保证措施。

上同于天

墨子认为，"尚同"的基本原则是：

> 上之所是，亦必是之；上之所非，亦必非之。（《墨子·尚同中》）

具体说来，就是所有的人都要以上级的是非观念作为自己的是非观念。自己有了好的想法，应马上报告上级，以便于迅速推广执行；上级有了过错，也不应有所保留，而应加以劝谏，以使其迅速改正，这样，上级就一定要比下级正确、高明。当然，以墨子的本意，这种下级对上级的绝对服从，当然不是无前提的服从，这是因为在墨子的政治管理体系中，每一级的政长本来就是他那一级中的最贤能者。所以，人人都要与上级的意见保持一致，而不要与下级朋比为奸。总之，下级要学习上级的嘉言善行，以上级的言行作为自己言行的标准，如此，整个国家就会被统一到一个最为贤能之人的管理之下。不能不说，这种想法类似于古希腊大思想家柏拉图对于理想国中"哲学王"的有关论说。

但是，墨子的"尚同"论并没有陷入"哲学王"一类的彻底的理想主义中，他认识到，理想不能代替现实，在"尚同"论的政治管理体系中，即使是最为贤能的天子，如果没有必要的约束，也可能滑向为非作歹、暴虐无道,因此,墨子提出了"上同于天"的观点,还更进一步指出,天下万民如果只上同于天子,而不上同于天,天灾仍然不可避免。当气候寒暑不调,雪霜雨露不止,五谷不熟,六畜不遂,瘟疫流行,暴雨久风之时,正是上天降下的惩罚,以警告那些不上同于天的人,特别是警告那些不上同于天的天子。

墨子搬来了"天",并将之凌驾于人类社会的行政管理机构之上,目的就是为了借用天的神秘力量,督导他所设计的尚同社会的实现,特别是用来制约天子,规范天子的思想行为,以防止出现桀纣幽厉之类的暴君,这样一来,天子就不再是思想和行为的最高权威,而成为天的下级臣民:

今天下无大小国,皆天之邑也。人无幼长贵贱,皆天之臣也。(《墨子·法仪》)

之所以最终要上同于天,乃是因为"天"堪为天下之"法仪":它的运行广大无私,它的恩施深厚而不自居,它的光耀永远不衰,所以最贤良的天子也当以它作为效法的对象。因此,天子的行动做事就必须依天而行,天所希望的就去做,天所不希望的就应停止。

天所希望的代表了谁的意志呢?这其实才是问题的关键。《墨子·法仪》篇明确指出:

然而天何欲何恶者也?天必欲人之相爱相利,而不欲人之相恶相贼也。奚以知天之欲人之相爱相利,而不欲人之相恶相贼也?以其兼而爱之,兼而利之也。奚以知天兼而爱之、兼而利之也?以其兼而有之、兼而食之也。

显然，墨子在这里借机宣传的是他的"兼爱"理想，即天希望人与人之间相爱相利，而反对人际的相互厌恶和残害。因为天对人从来都是不分贵贱贫富强弱正爱利均施的。这种思想在当时的历史条件下无疑正代表了下层劳苦大众的利益诉求，而决不能仅凭墨子说下级应当服从上级，就认为墨子是为统治者鱼肉百姓摇旗呐喊。

可以说，在弱肉强食的战国时代，下层百姓在现实生活中找不到约束统治者的横暴而保护自身利益的力量，于是就虚构了"天"，赋予它最高权力，意在用天来制约统治者以保护自身的利益，这就是墨子尚同论最终要求"上同于天"的秘密所在。而这也是我们理解其尚同论的必要前提。

明定赏罚

为了确保"上同而不下比"的"尚同"政治的实现，墨子进一步指出统一并明确赏罚之法度的必要性，他认为：

> 天下从事者，不可以无法仪；无法仪而其事能成者，无有也。（《墨子·法仪》）

所谓"法仪"就是实行管理使国家政治秩序有序运行的政策法令，政策法令的主要功能即是奖惩赏罚。墨子主张，天子及各级政长皆应当明定赏罚奖惩的细则，通过有赏有罚的手段，惩恶扬善，赏罚分明，从而诱导人民行善去恶，以维护国家机器的良性运转。

《墨子·尚同中》篇更明确地指出，全国上下应当对是非功过具有高度统一的认识，同时，法律上的赏罚也必须与舆论上的毁誉相一致，即行政法律与道德评价必须同一，否则，法律上的赏罚就起不到惩恶扬善的作用：

> 若苟上下不同义，赏誉不足以劝善，而刑罚不足以沮暴。

若赏罚奖惩制度不明，则与没有国家行政机构存在、也没有行政首长的原始初民社会没有什么区别了。

为此，墨子主张对于不尚同其上的人，用"五刑"来惩罚之，他说：

> 古时圣王制定五种刑法，以用它来治理人民，就好比丝线之有纪、网罟之有纲一样，疏而不漏。(《墨子·尚同上》)

而对于尚同其上的人，则要切实地爱护他们，以诚信之心赢得他们的真心拥戴。

总之，如同法家代表人物韩非子以"赏罚"为治国的"二柄"一样，墨子主张"富贵以导其前，明罚以率其后"，用赏罚奖惩来劝诱人民实行"尚同"之旨。

上下通情

上下通情，即是要实现整个国家政治统治管理体系中的信息畅通。墨子认为，要实现"尚同"，就必须建立一套完整的上下通情的机构，在中央是天子与三公，中央以下是许许多多的小诸侯国，国君与将军、大夫是执政者，诸侯国以下是乡，乡以下是里，乡有乡长，里有里长。所有这些行政长官都是上下沟通的渠道。这样，天子就可以发布命令说，凡听到或看到善人善事就报告于上，听见或看见不善的事也要报告于上。下级有好的想法或建议要献给上级，上级有失误就加以规劝。这样，一个上下沟通、下情上达的行政网络就建立起来了,这无疑为一同天下之义、实现天下大治提供了可靠的组织保证。

《墨子·尚同下》篇还说:

> 上之为政,得下之情则治,不得下之情则乱。

而"计得下之情",则"唯能以尚同一义为政,然后可矣!"如此,墨子就把"得下之情"视为使政治成功的充分必要条件,上级是否了解下级的情况,是政治成功的决定因素。通过上下通情的机制,天子可以集中众人的智慧和言行能力,帮助他视听、言谈、思想、行动,以提高国家管理的效率和水平。不仅上级应了解下级情况,下级也应了解上级的意图,如此才能最充分地实现"上有隐事遗利,下得而利之"。

下级服从上级以及上下级间的有效沟通,其实在任何组织中都是必要的,当代的行政管理机构和商业组织采取了许多先进的通讯设备,制订了许多相关的规章制度,其实都意在于这种上下通情以提高组织运行效率的功效。墨子对此的高度重视,在于矫治没有统一的是非标准导致的社会的纷纷离乱("国家昏乱"),而不应被丑化为加强极权专制、鼓励告密的特务手段。

3. 义政

毋庸置疑,墨子的政治的一个重要目标是"一同天下之义",其具体的操作程序是:

> 凡闻见善者,必以告其上;闻见不善者,亦必以告其上。上之所是,亦必是之;上之所非,亦必非之。(《墨子·尚同中》)

这看起来似乎是要剥夺个人的思想、意志自由,而使天下之思想、意志高度统一于在上者,"上之所是必亦是之,上之所非必亦非之",专制色彩显得异常浓厚。也正因为此,许多学者认为墨子的政治论说是为统治者服务的,是"后世中央集权的专制主义封建国家理论的最早表述"①。这种说法自然不是无中生有,我们在考察墨子的"尚同"论时,他的许多话都可以使人产生"专制"、"极权"的联想,自然,也很容易为后世别有用心者所利用。

但是,如果真正进入墨子政治思想的本来脉络中,则会发现事实并非如此,相反,我们甚至可以从中发现不少现代民主政治理念的闪光。

首先,我们看墨子"一同天下之义"的"义"究竟为何?墨子认为,"义"即天下之公义,它源出于"天志",墨子多次表述了这一观点,如:"义果自天出矣"(《墨子·天志中》),"天欲义而恶不义","顺天意者义政也"(《天志上》),等等。这就是说,"一同天下之义"不能简单理解为把人民的意志集中起来,消灭个性,思想专制,让人民机械被动地听命于上,服从于上级的意志。也即"天下之义"最终是要"上同于天"的。所以,墨子明确提出"立天志以为仪法",他宣称:

我有天志,譬若轮人之有规、匠人之有矩。轮匠执其规矩,以度天下之方圆,曰:"中者是也,不中者非也"。(《天志上》)

而墨子"天志"的具体内涵,则并非虚无缥缈的超越之物,它的实质即是"民意",墨子说:

天之意,不欲大国之攻小国也、大家之乱小家也,强之暴寡、诈之欺愚、贵之傲贱,此天之所不欲也。不止此而已,欲人之有力相营,有

---

① 杨俊光:《墨子新论》,江苏教育出版社1992年版,第71页。

道相教,有财相分;又欲上之强听治也,下之强从事也。上强听治,则国家治矣;下强从事,则财用足矣。……刑政治,万民和,国家富,则用足,百姓皆得暖衣饱食,便宁无忧。(《天志中》)

这就是说,墨子"一同天下之义",实际上是以"民意"为旨归的,它的一切取舍,都是以"百姓皆得暖衣饱食,便宁无忧"也即百姓的根本利益为准绳的。因此,它不仅不是封建的专制主义,而且还极富民主精神。《墨子·耕柱》篇更明确指出:

今用义为政于国家,人民必众,刑政必治,社稷必安。所为贵良宝者,可以利民也,而义可以利人,故曰:义,天下之良宝也。

可见,墨子的"一同天下之义",是"可以利民"的"义政",而非专制独裁的"暴政"。

其次,也有学者认为,尽管墨子的"尚同"说从理论角度看,或许有其民主色彩,而一旦付诸实践,则必然导致专制和极权。其"上同而不下比"的说法,直接就是专制主义的理论依据;其"上之所是,必皆是之;所非,必皆非之"的观点如果成为现实,则必然使单个人成为庞大、严密的专制组织随意指使的工具。其实,这种观点未免以偏概全。这是因为,在这个世界中人类的许多基本价值准则,同样需要采取"一同天下之义"的话语形式。如在人类社会经历了数千年的彼此杀戮和战争、特别是经历了两次世界大战之后,于上世纪40年代成立的联合国在《联合国宪章》中,便明确规定了对基本人权的承诺,并在后来颁布的《世界人权宣言》予以了进一步明确。它所界定的"义",构成了人类行为的"底线",作为人类的基本价值准则和行动标准,采取的正是"一同天下之义"的形式,而它的付诸实践显然与专制另外，还有学者认为，墨子的"一同天下之义"不是自下而上，而是自上而下的，这本身就决定了其"义"最终成为统治者粉饰自身专制的工具。这种观点也是片面的，自上而下地推行某一共享的价值观念，并不意味着必然会走向独裁。从组织共享价值观的发生学机制来看，大量事实表明，共享价值观的生成路径总是自上而下的，其运作模式正是"上同而不下比"，而这与"专制主义"并不存在关联。美国学者埃德加·沙因对于组织文化的实证研究表明，组织的共享价值观最初往往就是组织创始人和领导者个人的价值观念。它们被"强加"给其他组织成员，如果取得了成功，就获得整个组织成员的共享，被视为真知灼见，并被认为是理所当然的。① 在这个意义上，墨子说：

> 义不从愚且贱者出，必自贵且知者出。(《墨子·天志中》)

描述的就是作为共享价值观的"义"的生成路径，未必含有鼓吹专制、轻视下层人民的意思。

最后，墨子以"官无常贵而民无终贱"的命题彻底否定了以血缘关系为基础的宗法等级政治，并通过其"尚贤"论力倡社会政权公共化，向"远鄙郊外之臣、门庭庶子，国中之众、四鄙之萌人"以及"农与工肆之人"开放，真正确保社会职司永远是贤者在位。他基于普通劳动群众立场、依托古代圣王而提出的这样一种政治理想，在先秦诸子中确实是很独特的。同时，在墨子的"理想国"中，人与人之间尽管有

---

① 埃德加·沙因：《企业文化生存指南》，机械工业出版社2004年版，第17页。转引自程宇宏：《义：墨子"尚同"理论的正当性基石》，载《职大学报》，2006年第3期。

上下级之分,但那更多的是社会分工的不同:

> 王公大人,蚤朝晏退,听狱治政,此其分事也;士君子竭股肱之力,亶其思虑之智,内治官府,外收敛关市、山林、泽梁之利,以实仓廪府库,此其分事也。农夫蚤出暮入,耕稼树艺,多聚菽粟,此其分事也。妇人夙兴夜寐,纺绩织纴,多治麻丝葛绪,綑布縿,此其分事也。(《墨子·非乐》)

所谓王公大臣、士君子、农夫、妇人各有分工,而分工只是为了更好地发挥每个社会成员的才智和能力,本身并不构成贵贱高下的等差。他们在人格上是平等的,故而必须"兼相爱,交相利"。

正是因为对于宗法等级制度的否定,墨子甚至提出了"选天下之贤可者,立以为天子"(《墨子·尚同上》)的观点。尽管墨子所谓"选天下之贤可者"之"选"意义不太明朗,且根据上下文判断,更可能的是"选择"(select),而非现代民主意义上的"选举"(elect),但他以"贤"为标准"选"天子的想法,在宗法等级制度根深蒂固的战国时代,不能不说是石破天惊、震世骇俗之论。

(五) 天志、明鬼与非命、尚力

墨子在陈述其有关救世施政的十项主张即所谓"墨子十义"时,曾说:"国家淫僻无礼,则语之尊天事鬼",对此,墨子在《天志》《明鬼》等篇中进行了详细的阐发。不过,其"天志"、"明鬼"思想,自上世纪初以来,学术界就一直聚讼不断,有着不同的评价和说法。而这也是判别墨子宗教思想的唯一进路。

从根本上说,这些争论主要集中在一点,即墨子的"尊天事鬼"究竟是出于一种真诚的信仰,还是为了实现其"兼爱"、"非攻"、"尚同"、

"尚贤"、"节用"等主张的一种理论工具(即所谓的"神道设教")?

一般而言,持前一种观点的学者,以此认为墨子不仅是一位思想家、政治家,而且还是一位宗教家甚至宗教教主。如梁启超认为:

> 墨家之天,纯为一"人格神"。有意识,有感觉,有情操,有行为,故名之曰"天志"……墨家既以天的意志为衡量一切事物之标准,而极敬虔以事之,因此创为宗教,其性质与基督教最相逼近,墨子非哲学家,非政治家,而宗教家也①。

这种说法后来影响很大,如郭沫若甚至认为墨子"自始至终是一个在神的观念里面翻筋斗的宗教家",是一个"一脑袋鬼神上帝,极端专制、极端保守的宗教思想家"②。蒋维乔更在《杨墨哲学》一书中专列"墨学与耶稣之比较"一节,认为墨学教义与基督教教义十分相似,断言"耶稣可谓西洋之墨子,墨子可谓东洋之耶稣"③。国学大师章太炎也曾说:"墨子之教,实与天方(伊斯兰教)、基督同科。"其实,这种将墨子比拟耶稣、将墨家比拟基督教的说法,早在19世纪国人重新认识墨子思想时就已有人提出,薛福成、郭嵩焘等人甚至认为基督教精神其实源自于墨子:"泰西耶稣之教,其源盖出于墨子。"④

当然,把墨子思想往宗教上靠的说法还不仅仅将其与基督教类比,在本书第一章探讨墨子生平时就曾经提到,在上世纪初,胡怀琛、卫聚贤、太虚法师以及金祖同等人就认为,墨子乃是佛教、婆罗门教甚至伊斯兰教的鼻祖或传人。

---

① 梁启超:《先秦政治思想史》,天津古籍出版社2003年版,第155页。
② 郭沫若:《十批判书》,人民出版社1954年版,第112页。
③ 蒋维乔:《杨墨哲学》商务印书馆1928年版,第193页。
④《湘报类纂》甲集上,大通书局1968年版,第7页。

而反对墨子为宗教家的观点也不少,如冯友兰认为:

> 墨子要证明鬼神的存在,本来是为了给他的兼爱学说设立宗教的制裁,并不是对于超自然的实体有任何真正的兴趣……他的"天志"、"明鬼"之说都不过是诱导人们相信:实行兼爱则受赏,不实行兼爱则受罚。在人心之中有这样的一种信仰也许是有用的,因此墨子需要它。①

詹剑峰认为:

> 墨学不是宗教,墨子绝不是创教的教主,因为既没有老子那样全性葆真、超出物外之想,也没有后世道教炼丹修道、白日飞升之术;既没有耶稣那样自命为救世主,宣传天国近了,也没有佛陀那样逃避现实,遁之空门,以求极乐世界……他的思想是入世的,不是出世的,是此岸的,不是彼岸的。②

张永义认为:

> 墨子讲天鬼不是出于虔诚的信仰,而只是为人的行为制定一个外在的标准,所以,他的眼光始终停留在现世之中,墨子既没有一个来世的观念,又没有彼岸世界的幻想。的确,墨子曾把天、鬼的作用说得活灵活现,可一到关键时刻,他却表现得极不坚定,不是支吾其词,就是有意回避论题。所有这些均与宗教家的特征不符。所以,严

---

① 冯友兰:《中国哲学简史》,北京大学出版社1996年版,第51页。
② 詹剑峰:《墨子哲学与科学》,人民出版社1981年版,第73页。

格地说,墨子根本就没有资格被称为宗教教主。①

那么,上述两方观点哪一种更切近于墨子思想的实际呢?我们从墨子的天志明鬼说和非命尚力说说起,然后给出我们的结论。

1. 尊天

在中国思想史中,"天"的含义相当复杂。冯友兰曾把它概括为五种:

> 中国文字中,所谓天有五义:曰物质之天,即与地相对之天。曰主宰之天,即所谓皇天上帝,有人格的天、帝。曰运命之天,乃指人生中吾人所无奈何者,如孟子所谓"若夫成功则天也"之天是也。曰自然之天,乃指自然之运行,如《荀子·天论篇》所说之天是也。曰义理之天,乃谓宇宙之最高原理,如《中庸》所说"天命之谓性"之天是也。②

墨子"天志"之"天",固然也有物质、自然之天的用法,但更主要的是指"主宰之天",也即,"天"在墨子那里具有人格神的意义。这主要体现在以下几个方面。

(1)"天"是世界万物乃至人世间一切的创造者。《墨子·天志中》篇说:

> 天"以历为日月星辰,以昭道之;制为四时春秋冬夏,以纪纲之;

---

①张永义:《墨子与中国文化》,贵州人民出版社2001年版,第118页。
②冯友兰:《中国哲学史》(上),华东师范大学出版社1998年版,第3页。

雷降雪霜雨露,以长遂五谷丝麻,使民得而财利之;列为山川溪谷,播赋百事,以临司民之善否;为王公侯伯,使之赏贤而罚暴,赋金木鸟兽,从事乎五谷丝麻,以为民衣食之财,自古及今,未尝不有此也。"

也就是说,无论日月星辰、春夏秋冬、霜雪雨露、金木鸟兽、五谷丝麻还是人世间的百官制度、长幼尊卑,都是"天"的创造。

(2)"天"有意志,有好恶,是人世间的最高主宰。墨子指出,上天创造自然界和人类社会的过程,既不是下意识的自然而然的过程,也不是偶然的随机过程。天创造世界的过程也就是天表现和渲泄其意志和好恶的过程。《墨子·天志上》篇说:

然则天亦何欲何恶?天欲义而恶不义。

既然"天"喜欢"义"而厌恶"不义",就说明"天"有自己的好恶。其实,"天志"一词本身,即表明了在墨子看来,天的意志不容质疑。作为创造一切的"造物主",一切都受到"天"的主宰。天的神通和权威是无边无垠、无远弗届的。即使是人迹罕至的幽林深谷也逃不脱上天的视野。墨子指出,如果一个人得罪了家长,他还可逃避到相邻的家族去。如果得罪了国君,还有邻国可以逃避。然而如果一个人得罪了"天",那么他就没有任何地方可以逃避。普天之下都在"天"的管辖范围之中,即使是"林谷幽间无人之处",也难逃恢恢天网。

(3)"天"对人的言行实施赏罚奖惩。上天不仅对人的行为明察秋毫,而且可以凭藉自己的好恶对人的行为做出赏罚。赏罚的原则是:为善者,为天之所欲者得赏;行恶者,为天所不欲者遭罚。在墨子看来,人为天之所欲,则得天赏。上天不仅会"寒热也节、四时调,阴阳雨露也时,五谷熟、六畜遂,疾灾、戾疫、凶饥则不至"(《墨子·天志中》),而且还会出现种种祥瑞,对下民加以奖赏。相反,如果人为天之所恶,便会获罪于天,上天就会用各种自然灾害来加以谴责警告,如各种灾异怪诞现象就会不期而至。

由于"天"创造一切,全知全能,有意志有好恶,拥有赏善罚恶的力量,为世界万物的最高主宰,所以,人的行为就应当效法于"天"。《墨子·法仪》篇认为,父母、师长和国君三者,都不足以作为效法的对象。而只有运行广大无私,恩施深厚而不自居,光耀永远不衰的"天",才是上到圣王下至庶民真正可以效法的对象。墨子的"法天"即是我们此前提到的"上同于天",它包括:(1)人当以天为判断一切善恶、衡量一切曲直的最终标准。墨子认为,人们的一切行动和言论都应放在天的审判台上,顺天者为善为仁,逆天者为恶为贼,一切都黑白分明,一目了然。(2)为天之所欲,不为天所不欲。墨子断言:"天之意,不可不顺也"(《墨子·天志中》)。人们法天,也就是顺天之意,使自己的行动以天为准则。(3)祭祀。在墨子看来,祭祀不仅是人与天、人与神以及人与人、人与鬼进行沟通的一种方法,而且还是人事奉天、效法天和上同于天的一种仪式。因此,祭祀不是可有可无,而是必须举行。

2. 事鬼

除了尊天之外,墨子还承认鬼神的存在。墨子所讲的鬼,比一般认为的人死为鬼的范围要宽泛得多。他认为:

> 古之今之为鬼,非他也。有天鬼,亦有山水鬼神者,亦有人死而为鬼者。(《墨子·明鬼下》)

这表明,墨子所讲的鬼,除了人死后所变之鬼外,还有上天的鬼和山水之鬼。无论何种之鬼,都与"天"一样,具有"赏善罚恶"的功能,只不过管辖范围和效力大小有所区别而已。

为了证明鬼神的存在，墨子提出了"三表法"，即确定事物存在与否及其功效的三个基本条件：(1)是否与古代圣王的事迹相符；(2)是否与老百姓日常生活中的耳目感官经验相符；(3)是否与国家和老百姓的利益相符。符合三个条件便为存在，不满足这三个条件便是子虚乌有之物。(参见《墨子·非命上》)

根据"三表法"，墨子在《明鬼下》篇中逐一证明了鬼神的存在：

(1) 鬼神的存在与古代圣王的事迹相符。墨子断言，鬼神的存在是千真万确的，正因如此，古代的圣王才都把祭祀、事奉鬼神作为活动的一项重要内容。不仅如此，为了让后世子孙深信鬼神的存在，古代圣王还在书中屡屡重提和频频记载鬼神之事。不仅把鬼神存在之事书之竹帛，而且还"琢之盘盂、镂之金石"。其良苦用心便是让后世子孙笃信鬼神的存在并厚务之。

(2) 鬼神的存在符合老百姓的耳目之实。按照墨子的说法，断定一个事物是有是无的办法就是看它与众人的耳闻目见是否相符合。众人闻见者为有，众人莫闻莫见者为无。因此，最好的办法就是到乡里去打听，如果确实有人亲眼见过鬼神的模样，听过鬼神的声音，那么鬼神的存在自然就会无可质疑。事实上，鬼神的存在是有目共睹的，许多人都亲自耳闻目见了鬼神的存在。

(3) 鬼神的存在与国家百姓人民之利相符。墨子声称，天下的一切混乱，暴行和道德沦丧都发端于人们怀疑鬼神的存在。正因为怀疑鬼神的存在，不知道鬼神能监察人们的行动并加以赏罚，人们才敢肆无忌惮地胡作非为。他自信地宣布，人们一旦笃信鬼神的威力，便会为躲避鬼神的惩罚不敢干坏事，相反，为了求得鬼神的恩赐还会勤勉工作、施善好德。这既裨益于国家，又可使百姓获利。这表明，墨子之所以极力地呐喊明鬼，意在告诉人们：尽管你没有亲眼看到鬼神,但也应该确信鬼神的存在。因为只有相信鬼神的存在,才可以保障自己的人身财产安全和家庭、国家的和谐与稳定。

墨子之所以如此不厌其烦地论证鬼神的存在,正是在于鬼神和"天"一样可以监察人类的言行,并根据其言行进行赏罚。墨子宣称:

> 鬼神之明智于圣人,犹聪耳明目之与聋瞽也。(《墨子·耕柱》)

即鬼神之明在于一切都逃不脱鬼神的视野。上至王公大人,下至庶黎百姓,都在鬼神的监察之中(参见《墨子·明鬼下》),同时,鬼神还按照其监察的结果对人实施赏罚。墨子认为,行善必得鬼神之赏,做恶必遭鬼神之罚。

> 鬼神之罚,不可为富贵众强,勇力强武,坚甲利兵,鬼神之罚必胜之。(《墨子·明鬼下》)

3. 非命

孙诒让在《墨子间诂》中引《孝经》对墨子所谓"命"的解释是:

> 命有三科,有受命以任庆,有遭命以谪暴,有随命以督行。受命谓长寿也,遭命谓行善而遇凶也,随命谓随其善恶报之。

显然,墨子之"命"是指一种人力不可抗拒的神秘的必然性。而墨子主张"非命",即是反对这种神秘的不可抗拒的必然性。

一般而言,信奉鬼神者往往相信"命",抽签打卦的算命,即是试图预知那种来自鬼神安排的、人力不可抗拒的吉凶祸福。既然墨子"非命",那么墨子又怎么可能会信奉鬼神呢?持反对墨子是宗教教主观点的学者,往往即是从墨子的"非命"论入手提出反对意见的。

确实如此,墨子非常坚决地否定"命"的存在。他所否定的"命",正是当时十分流行且非常简单、朴素的宿命论。这种宿命论认为,人的生死、贫富、贵贱、寿夭乃至社会治乱等等现象都是由命来决定的,人在命的面前无能为力,只能听任命的摆布。墨子指出,相信人生有命的人,往往认为:

命富则富,命贫则贫;命众则众,命寡则寡;命治则治,命乱则乱;命寿则寿,命夭则夭。(《墨子·非命上》)

一切都得听天由命。这样的观点是极为有害的("不仁"),所以要加以明辨,给予坚决否定。

非常吊诡的是,墨子用来"非命"的方法正是他曾经论证"鬼神"存在的"三表法"。他指出,从古圣王之事上看,古时候,夏桀乱政,商汤接管了天下就实现了大治;商纣乱政,周武王接管了天下就实现了大治。社会没有改变,人民没有变化,桀纣时天下混乱,汤武时天下得到治理,可见治乱不是由命决定的,命是不存在的。"天下之治,汤武之力也;天下之乱,桀纣之罪也。"这说明社会治乱完全是由人力决定的,与命完全没有关系。也正因此,持有命存在的观点在"先王之书"、"先王之宪"、"先王之刑"中是根本找不到的。

命,百姓若能耳闻目睹,则一定有;百姓若听不见看不到,则一定无。自古及今,自有人类以来,无论智愚贵贱,没有谁见过命的形象,听过命的声音。再说,诸侯所流传的言论,自古及今,自有人类以来,也没有关于命的形体、命的声音的表述。由此可知,命是不存在的。这样,墨子用极其朴素的耳目见闻的方法,否定了命的存在。

最后,从社会实际效果上来考察,相信命的存在是颇为不利的。

墨子指出，主张"有命"的人说："上司所赞赏，是命里本来就该赞赏，并不是因为贤良才赞赏的；上司所惩罚，是命里本来就该惩罚的，不是因为凶暴才惩罚的。"所以在家对双亲不孝顺慈爱，在外对乡里长辈不尊敬。举止没有节度，出入没有规矩，不能区别对待男女。主张"有命"的人说："上司所惩罚是命里本来就该惩罚，不是因为他凶暴才惩罚的；上司所赞赏，是命里本来该赞赏，不是因为贤良才赞赏的。"以这些话来做国君则不义，做臣下则不忠，做父亲则不慈爱，做儿子则不孝顺，做兄长则不良，做弟弟则不悌。而顽固主张这种观点，不啻是一种"凶言"，是一种"暴人之道"，教人学坏而不为善。如果人们听信于"暴人之道"，那么农夫就会不努力耕稼，社会财物就会匮乏，饥寒冻馁就要降临，国君就会贪恋耳目之淫，心生邪僻之念，以至国家灭亡、社稷绝灭。所以墨子认为，宿命论"上不利于天，中不利于鬼，下不利于人"，是"天下之大害"，"不可不非"（《墨子·非命上》）。

4. 尚力

墨子"非命"的目的其实就是要劝导人们不要相信有命，而应当"强力从事"，积极工作，努力参加生产劳动，增加社会物质财富，以实现天下富裕。他认为，决定人们的贫富、贵贱、寿夭和社会治乱的原因不是命，而是"力"。他说，人与动物最本质的区别就在于，人"赖其力者生，不赖其力者不生"（《墨子·非乐》），就是说，人只有依靠自身的力量和努力去获得并创造财富，才能保证自身的生存。只有强力从事，才能实现人的价值，创造良好的生存环境和社会环境，创造美好的生活。墨子指出，那些王公大人早朝晚退，听狱治政，终日忙碌而不敢怠慢，为什么呢？因为他们知道强必治，不强必乱；强必宁，不强必危。贤良之卿大夫们之所以用尽其全部力气，竭尽其全部聪明才智，内治官府，外征关市、山林、泽梁之税，以充实国库，而不敢怠慢，是因为他们知道强必贵，不强必贱；强必荣，不强必辱。农夫们之所以早出晚归,努力耕种,尽心管理,多收粮食,也是因为他们知道强必富,不强必贫;强必饱,不强必饥。妇女们之所以努力纺纱织布,夜不能寐,昼不能息,也是因为她们知道强必暖,不强必寒;强必余,不强必缺。

值得重视的是,墨子在主张尚力的同时,对人的本质有了明确、清楚的认识。人"赖其力者生,不赖其力者不生",这一思想把人与动物从本质上区别开来,具有不可磨灭的真理的力量。对人的这种本质的力量的认识也许只有亲身参加生产劳动的人才能获得,也就是说,只有像墨子那样从实践中走出来的思想家才能获得。

从思想史的角度看,墨子的"非命尚力"论,第一次把人的主体性以系统理论的方式表达了出来,虽然天意的色彩尚未消褪殆尽,但决定个人命运的是人自身。贤愚依靠个人的努力,祸福由于自召,人们只要努力工作,最终必将获得应得的回报。

《墨子·耕柱》篇记载了一则小故事,说季孙绍与孟伯常共同治理鲁国,但二人不能互相信任,就到丛林中的庙宇里祷告说:"希望神灵保佑让我们和好。"墨子评论说:"这如同遮盖了自己的眼睛,而向神灵祷告说:'希望使我们都能看到。'这岂不是相当的荒谬吗?"显然,墨子认为,做任何事情,关键在于个人的努力,而不能事事乞灵于鬼神。

更有甚者,据《墨子·明鬼下》篇记载,当一位持无鬼论者提出祭祀浪费钱财人力而不利于孝敬父母、有害于成为孝子的目标的疑问时,墨子却这样回答道:"洁治酒醴粢盛,用以恭敬谨慎地祭祀。假使鬼神真有的话,这是让父母兄姐得到饮食,难道不是最大的益处吗?假使鬼神确实没有的话,这不过是浪费他制作酒醴粢盛的一点资财罢了。而且这种浪费,也并不是倾倒在脏水沟去丢掉,而是内而宗族、外而乡亲,都可以请他们来饮食。即使鬼神真不存在,这也还可以联欢聚会,联络乡里感情。"这段出自于《墨子》全书唯一专言"鬼神"的篇章《明鬼下》的文字,对于鬼神存在的结论居然竟是一种假定,而且他还能容忍没有鬼神存在的假定。之所以肯定祭祀的意义,原因是即使没有鬼神,祭祀也能达到"合欢聚众,取亲于乡里"的功效,这其实已经和儒家"执无鬼而学祭礼"没有什么实质性的区别了。由此也可以看出,号称尊天事鬼的墨子,其实对于鬼神的存在与否本身,并不是想象中的那样虔信。

　　对于子虚乌有的民间占卜迷信,墨子也是非常理性地持反对态度。据《墨子·贵义》篇记载,墨子有一次到北方的齐国去,遇到一个占卦先生。占卦先生说:"历史上的今天,黄帝在北方杀死了黑龙,我看你的脸色黝黑,今天这个日子不宜向北去。"墨子不听,竟继续向北走。到了淄水边,没能成功渡河,所以只好原路返回。占卦先生颇为得意地说:"我早对你说过不能向北走嘛。"墨子说:"淄水之南的人不能渡到淄水北岸去,淄水之北的人也不能渡到淄水南岸,他们的脸色有黑的有白的,为什么都不能渡呢?你这样的说法,实在是困蔽人心,禁止天下所有的人来往了。所以你的言论根本就是荒谬不经的。"

　　不难看出,墨子并非一个彻头彻尾的宗教有神论者,他对于人格化的天和鬼神的信仰并不坚定。而且,通观《墨子》全书,墨子的思想自始至终都牢牢地锚定在现世的土壤之中,既没有一种来世的观念,又没有关于彼岸世界的幻想。这反而让人们追问,既然墨子本人对于人格之"天"和鬼神的存在心有疑虑,且根本绝意于彼岸天国与来世福报,那么他又为什么会那样大张旗鼓地鼓吹"尊天事鬼"呢?这就必须重新回到墨子的"天志"、"明鬼"的命题中,进一步理解墨子"天志"、"明鬼"的实质内涵。

5. 神道设教

就实而论，墨子人格化的"天"与"鬼神"，并不是作为一种宗教的信仰、膜拜对象而提出的。相反，"天志"、"明鬼"论的提出，乃是出于推行其"兼爱"、"非攻"、"尚贤"、"尚同"、"力行"、"节用"等政治、伦理理念的需要。也就是说，墨子的"天"与"鬼神"并没有异化成为凌驾于人类之上主宰人、奴役人的异己力量，而是百分之百地服从、执行人的意志、全心全意为人的利益服务的神秘力量。在宗教中，神是人的主宰，统治、压迫、控制着人的一切，人是神的奴隶、工具，必须不讲任何条件地为神服务，人为神可以抛弃一切财富、权力和享乐，可以忍受最无法忍受的痛苦，甚至献出生命也在所不惜。而在墨子的"天志"、"明鬼"论中，人是神的主宰，天替墨子行道，上天是按照人的意志行事的工具。

也正因此，墨子非常自信地说道：

> 我有天志，譬若轮人之有规，匠人之有矩。（《墨子·天志上》）

显然，"天志"对于墨子而言，就像轮匠有了圆规，木匠有了方尺一样，可以更为方便有效地推进其社会政治、伦理理想的实现。《天志中》篇更明确地指出：

> 故子墨子之有天之意也，上将以度天下之王公大人为刑政也，下将以量天下之万民为文学、出言谈也。

具体而言，在墨子那里，"天志"是主张"兼爱"的：

> 顺天意者，兼相爱，交相利，必得赏；反天意者，别相恶，交相贼，

必得罚。(《墨子·天志上》)

爱人利人,顺天之意,得天之赏者有之;憎人贼人,反天之意,得天之罚者亦有矣。(《天志中》)

同时,"天志"又是"非攻"的:

天之意,不欲大国之攻小国也,大家之乱小家也,强之暴寡,诈之谋愚,贵之傲贱,此天之所不欲也。(《墨子·天志中》)

"天志"还是鼓励人们"强力从事"的:

天之意,……又欲上之强听治也,下之强从事也。(同上)

而且,"天志"也是"尚同"、"尚贤"的:

天亦不辩贫富、贵贱、远迩、亲疏,贤者举而尚之,不肖者抑而废之。(《墨子·尚贤中》)

由此可见,所谓天之"欲恶"其实正是墨子所代表的天下黎庶的"欲恶",墨子再三申明"戒之慎之"的"天志"就是墨子所倡导的以"兼爱"为中心的政治、伦理理想的翻版,如提倡"兼相爱、交相利",反对"兼相恶、交相贼";提倡"非攻""止战"、和平相处,反对恃强凌弱、穷兵黩武;提倡强力从事和事在人为,反对命定论和懈怠职守;提倡任人唯贤和不拘一格地任贤使能,反对任人唯亲和贵族世袭制,等等。

墨子将"己意"表达为"天志",这就从根本上转换了传统天命论的内涵,从而将"天志"变成了"神道设教"的工具。所谓"神道设教",

即是指利用天命、鬼神来推行自己的教化,天命鬼神不是信仰的对象,而是推行教化的工具。可以说,墨子的"天志"、"明鬼"说的实质正是如此。那么,墨子为什么不直接宣扬自己的政治、伦理理想,而需要借助"天志"、"鬼神",采取"神道设教"的方式呢?

其实,墨子和很多思想流派或者教派一样,在其学说中有两套语言系统。一种是墨子的思想根本宗旨(如同佛家的"自了义"),包括"兼爱"、"非攻"、"尚贤"、"尚同"、"力行"、"节用"等社会政治、伦理主张;一种则是墨子对学派之外的人宣扬自己的思想所使用的论证方法或策略(如同佛家的"方便法门"),"天志"、"明鬼"也正是扮演了这样的角色。大体而言,主要体现在以下两个方面。

首先,讲"尊天"、"事鬼"是便其民俗。

墨子在当时借用人格化的"天"和鬼神去宣传其政治、伦理主张,有深厚的思想根源和广泛的群众基础。天命鬼神思想不是墨子自己生造出来的,追根溯源,它有着深厚的历史渊源。由于社会生产力和人们的认识能力的低下,先民们对风雨雷电等自然现象和生老病死等生理现象不理解,感到神秘恐惧,逐渐形成了天能主宰万物、人死后可化为鬼魂的观念。进入到阶级社会以后,统治者往往宣扬王权来自全知全能的上天的赐予,自己是天帝在人间的代表,以此来维护自己的统治利益。春秋后期,"社稷无常奉,君臣无常位"的混乱局面所导致的王权的衰弱,直接引发了用以维护统治者威权和利益的天命鬼神信仰的变化和动摇。但是,直到墨子生活的春秋末战国初,虽说天命鬼神的观念在少数社会有识之士身上已开始发生动摇,但仍是整个社会的"一般和普遍的信仰"。从王公贵族到一般百姓,其思想总体上仍并未脱出"天帝是世界的主宰、鬼神能祸福于人"的藩篱。即使是当时提出"天道远,人道迩,非所及也"(《左传·昭公十八年》)进步思想的政治家子产,也并不否认鬼神的存在。他既劝说韩宣子要祭祀"其神化为黄熊"的鲧,又肯定伯有鬼魂的存在,因立伯有之子为大夫"以抚之",认为这样做"鬼有所归,乃不为厉"。

既然当时的绝大多数人都信奉天命鬼神,墨子便其民俗,在尊重人们传统信仰的基础上提出"天志"、"明鬼"论,借以宣传其政治主张,就没有什么可奇怪的。墨子按自己的政治、伦理理想重塑传统的天命鬼神形象,使之成为为民请命、执行墨子意志的正义化身,与旧有的帮助统治者压迫奴隶和平民的天命鬼神根本不同。墨学专家方授楚指出,墨子是借"天志"、鬼神"以坚平民之信仰而增其勇气",因为当时的平民百姓久受王公贵族的压迫,一旦促其参与社会改革,往往由于怯懦而裹足不前。"今有天以其相爱相利而去其相恶相贼",鬼神又能"为之赏善罚暴,自易信从其说而无所畏葸"①,可谓有识之见。

其次,讲"尊天"、"事鬼"是为了威慑统治者。

墨子是十分了解社会现实的实干家,熟悉"灵王好细腰、嫔妃多饿死"的典故。他深知"君悦之,故臣能之也"(《墨子·兼爱中》)的道理,不管政治理想有多么美好,如果没有统治者的赏识和采纳,也是枉然。问题是,"天下之为君者众,而仁者寡"(《墨子·法仪》),王公大臣多是贪婪凶暴之辈,又高居于社会的上层,根本不把劳动者的疾苦放在眼里,又怎么会耐心地听取一个无官无爵的平民的"贱人之说"呢?因此,墨子首先借助天命鬼神来抬高自己学说的地位。墨子深知,统治者一贯尊古而"崇天","天帝"在他们的心目中是至高无上、尊贵无比的,如果把"兼爱"贴上"天志"的标签,情况就自然另当别论了。更为重要的是,墨子还要利用王公贵族对于天命鬼神的畏惧心理来增加其学说的内在威慑力。在其关于"天志"、"明鬼"的说

---

① 方授楚:《墨学源流》,中华书局、上海书店联合出版1989年版,第106页。

教中,墨子大力渲染上天和鬼神"赏善罚暴"、无所不能的强大威力,就是为了震慑统治者,使统治者因慑于天威而推行他的政治、伦理主张。他举例说,夏桀殷纣虽"贵为天子,富有天下",因其"上诟天侮鬼,下殃傲天下之万民",也不能逃脱"鬼神之诛",尸首"系之赤环,载之白旗"的命运。总之,天命鬼神所应赏赐的,不论其地位多么微贱也必定要赏赐他;鬼神所要惩罚的,不论其地位多么尊崇也必定要惩罚他。他利用许多场合反复告诫统治者以下道理:

鬼神之明,不可为幽间广泽,山林深谷,鬼神之明必知之。鬼神之罚,不可为富贵众强,勇力强武,坚甲利兵,鬼神之罚必胜之。(《墨子·明鬼下》)

爱人利人者,天必福之;恶人贼人者,天必祸之。(《墨子·法仪》)

特别是那些以大欺小、恃强凌弱、杀戮百姓、抢掠财宝的王公大臣,欲求"福禄终不得,而祸祟必至矣。"(《墨子·天志中》)

正如鲁迅所说的那样,墨子改革社会的"第一步,是在说动人主;而那用以压迫人主的家伙,则都是'天'"(《三闲集·流氓的变迁》),人格化的天与鬼神,尽管被墨子描绘得惟妙惟肖,但实质上不过是其"神道设教"以推行自己政治伦理主张的工具而已。

(六)科学与逻辑

以现代人的眼光看,墨子思想之所以能够在灿若星河的先秦诸子百家中独树一帜,不仅仅在于他提出了"兼爱"、"非攻"、"非命"、"尚贤"、"节用"之类的社会伦理主张,还在于能够在当时中国的大多数学派沉溺于政治人伦的探讨之际,在宇宙论、数学、几何学、力学、光学乃至心理学等自然科学领域作出了深入探讨,并将研究成果及时地应用于实践,在民用工具、城防器械等方面的制作方面独领风骚,取得了前所未有的成就,在中国古代科技发展史上留下了闪光的足迹。而且,作为与印度的因明学、古希腊亚里士多德逻辑学并称为世界三大古典逻辑体系的墨辩逻辑学,更为其科学研究提供了一套极为系统的方法论指导。可以说,墨子的科学、理性精神,不仅在其生活的时代前无古人,而且在整个中国古代思想发展史上也可以称得上后无来者。这样的一个人,又怎么能被称为"宗教教主"呢?

《墨子》的科学与逻辑思想主要集中在《经上》《经下》《经说上》《经说下》以及《大取》《小取》六篇文章中,根据此六篇文章的主题,后人将之称为"墨辩"或"墨经"。由于篇幅所限,我们不能对墨子的科学、逻辑思想进行细致梳理,仅根据前人研究成果,概括如下。①

1. 科学知识体系

(1) 时空与运动。

首先,墨子认为整个宇宙由连续性的时间和空间构成。有关时空问题,《墨子·经上》篇说:

久,弥异时也。宇,弥异所也。《经说上》

予以进一步阐发:

---

① 本书有关墨子的科学思想部分,参考了金秋鹏的《中国古代科学家:墨子》一文,载自《中国古代科学家传记》上集,科学出版社1992年版,第45—51页。张永义:《墨子与中国文化》,贵州人民出版社2001年版,第221—249页。

久,合古今旦莫(暮)。宇,蒙东西南北。①

可见,墨子把时间定名为"久",把空间定名为"宇",认为"久"为包括古今旦暮的一切时间,"宇"为涵盖东西南北的一切空间,时间和空间都是连续不间断的(即所谓"弥")。而且,时间和空间具有不可分割的相关性,如:

民行修(长),必以久也。(《经说下》)

同时,墨子还探讨了时空有限、无限性问题:

穷:或不容尺,有穷。莫不容尺,无穷也。(《经说上》)

这就是说,时空既是有穷的,又是无穷的。对于整体来说,时空是无穷的;而对于部分来说,时空则是有穷的。他还指出,连续的时空是由不可再分的时空单元所组成,这就是所谓的"始"和"端","始"是时间中不可再分割的最小单位("始当无久也"),"端"是空间中不可再分割的最小单位("端是无间也")。

在时空理论的基础上,墨子提出了自己的运动论。

无久之不止,当牛非马,若矢过楹。有久之不止,当马非马,若人过梁。(《经说上》)

"止"与"不止",即是静止与运动,墨子在此认为,在连续的统一的宇

---

① 旧本原为"东南家南北",据朗适、伍非百考订,当为"蒙东西南北"。

宙中,物体的运动表现为在时间中的先后差异和在空间中的位置迁移,而离开时空的单纯运动是不存在的。

另外,墨子对于物质及其内在属性的关系也进行了探讨。他指出,属性不会离开物质而存在,离开事物本身,无从谈其属性。

无坚得白,必相盈也。(《经说下》)

这显然是针对公孙龙割裂物质属性内在联系的"离坚白"的观点而针锋相对地提出。

(2) 数学知识。

墨子对一系列数学特别是几何学概念进行了具有高度抽象性和严格性的界定。仅以《墨子·经上》为例看,如"倍"的概念:

倍,为二也。

"平"的概念:

平,同高也。

再如"中"的定义:

中,同长也。

而关于"圜"的定义则更能体现其定义的严谨与精到:

圜,一中同长也。

"圜"即圆,所谓圆即是定点距离相等的点的轨迹,这一定义与欧几里得几何学中圆的定义几乎完全一致。类似的还有正方形的定义,墨子说,四个角都为直角,四条边长度相等的四边形即为正方形,正方形可用直角曲尺"矩"来画图和检验("方:柱隅四权也"、"方:矩写交也")。而关于直线,墨子的界定更为凝练而精确:

直,参也。

"参"就是三,"直,参也"就是说三点共线即为直线。墨子还把点、线、面、体分别称为"端"、"尺"、"区"、"体",并给出了它们各自精炼严谨的定义。此外,墨子还对十进位值制进行了论述。中国早在商代就已经比较普遍地应用了十进制记数法,墨子则是个位、十位、百位、千位等对位值制概念进行总结和阐述的第一人。

(3) 物理学。

墨子关于物理学的研究涉及到力学、光学、声学等分支,给出了不少物理学概念的定义,并有不少重大的发现,总结出了一些重要的物理学定理。

首先,墨子给出了力的定义,说:

力,刑(形)之所以奋也。(《墨经上》)

也就是说,力是使物体运动的原因。对此,他举例予以说明,如把重物从下往上举,就是由于力的作用,而且物体在受力之时,也会产生反作用力。例如,两质量相当的物体碰撞后,两物体就会朝相反的方向运动。如果两物体的质量相差甚大,碰撞后质量大的物体虽不会动,但反作用力还是存在。

墨子还对杠杆原理作出了精辟的表述。他指出,称重物时秤杆之所以会平衡,原因是"本"短"标"长。此外,墨子还对杠杆、斜面、重心、滚动摩擦、自由落体等力学问题进行了一系列研究。

墨子最早发现"小孔成像"原理墓

在光学史上,墨子还是世界上进行光学实验,并对几何光学进行系统研究的第一人。首先,墨子探讨了光与影的关系,《墨经》中有八条关于光学的理论,四条与影有关。分别有关于影的生成、本影与副影的关系,反射光所成之影与决定影的大小的各种因素。特别是墨子的"小孔成像"实验,更是前无古人。他揭明了光的直线传播,物体通过小孔所形成的像是倒像,并科学地解释了其成因。难能可贵的是,墨子还对平面镜、凹面镜、凸面镜等进行了相当系统的研究,得出了几何光学的一系列基本原理。科学史家钱临照先生认为,《墨经》中的"八条光学文字虽为经下八十余条中的一小部分,但八条文字的本身是经过作者缜密的考虑,把它排成一个很合乎科学意义的次序,这决不是偶然的事。影论、像论有了,几何光学的基础打下了,首尾具备了,这样有条理的完整的记载,文虽前后仅八条,寥寥数百字,确乎可称二千多年前世界的伟大光学著作"①。

(4) 器械与工程。

如本书前面已经提到的那样,墨子是一个精通器械制造的大匠,在止楚攻宋时与公输般进行的攻防演练中,即已充分地体现了这一点。他可以在不到一个上午的时间内造出载重30石的车子的车辖,还曾成功制造了一只可以在空中飞翔一天方落的木鸢。当然,更能集中体现其高超造诣的还在于,墨子对于诸种城阺器械与工事营造方面的绝世才能。在《墨子·城守诸》篇中,他对城门和城内外各种防御工事的建造技术和桔槔、投石机、飞冲车、悬(梁)、批屈、连弩车、转射机等攻守器械的制造工艺,都有非常详细的阐述。前已述及,此不赘述。

2. 科学理论

诚如英国著名科学史家李约瑟所展示给世界的那样,中国古代科技源远流长、成就斐然,然而其最大的缺憾,在于中国对于一切科学知识往往更多注重实用,所谓知其然却不太理会其所以然。学者普遍认为,这也正是以数学和物理学作为终极基础的现代科学最终没能在古代中国先行发展的根本原因。古希腊哲人德谟克利特曾说:"找到一个原因的解释,胜过当波斯王。"②此语生动地道出了西方现代科学得以兴起的希腊传统根源。其实,在与德谟克利特几乎同时的墨子,也曾有过极为相似的表述:"摹略万物之然"(《墨子·小取》)是客观认识事物的开端,而认识的最终目标,乃在于"巧传则求其故"(《墨子·经上》)。"求其故"正是对"万物之然"背后的"所以

---

① 钱临照:《论墨经中关于形学力学和光学的知识》,载自《科学通报》第2卷第8期,1951年。
② 参北大哲学系:《古希腊罗马哲学》,商务印书馆1961年版,第103页。

然"的探求,惜乎这种深具现代科学精神的观念未能成为一种传统。也正因此,李约瑟不无遗憾地指出:

> 墨家通过其概念化的模式得到了他们自己的演绎和归纳,和同时期的古希腊一样,达到了非常高的科学理论水准。有一种想法是很诱人的:如果墨家的逻辑和道家的自然主义相融合,中国可能早已越过了科学的门槛。中国科学的悲剧就在于这一切并没有发生。①

痛悼悲剧并非本书主题,我们回到墨子"巧传则求其故"这一在中国思想史上独树一帜的科学理论本身。

从科学认识论方面看,墨子对认识来源、认识过程有着相当成熟且清醒的理解。墨子提出,人的知识有三个来源,即闻知、说知和亲知。"闻知"即从他处获得的认识,秉持一贯的严谨,墨子进一步把闻知细分为传闻和亲闻两种,但不管是传闻或亲闻,在墨子看来都不应当简单地接受,而必须消化并融会贯通,使之成为自己的知识。因此,他强调要"循所闻而得其义"。所谓"说知",是指由已知推论而得到的知识。他特别强调"闻所不知若已知,则两知之",即由已知的知识去推知未知的知识。而亲知,则是自身亲身参与所得到的知识。墨子指出,亲知又可分为"虑"、"接"、"明"三个步骤。"虑"是为探求事物起心动念之始,即认识主体的求知之念,这是认识的开始环节。随之而来是的"接"知,即通过感觉器官与客观事物的接触而获得的关于认识客体的感知。而由感官得到的知识还只是停留在对于事物现象的认识,因此必须把得到的知识加以综合、整理、分析和推论,方能达到获知事物本质的"明"知的境界:

---

① 李约瑟:《中华科学文明史》第一卷,上海人民出版社 2001 年版,第 127 页。

> 以其知论物,而其知之已著,若明。(《墨子·经说上》)

尤须一提的是,墨子的科学方法论更具近代科学方法论色彩。我们知道,科学不同于技术的首要一点,就是它表现为一套理论系统,而建立理论系统的前提就是界定概念,这就是"定义"。在中国古代思想史和科学史上,最重视思维的确定性、最重视下定义的学者莫过于墨子。《墨经》中《经上》篇就全部由定义构成,大约100余条,这无疑为墨子的整个科学思想体系的建立奠定了坚实的基础。

同时,墨子还极为重视对研究对象进行条分缕析的"分类",这也正是进行分门别类的科学研究的必要前提。《墨经》诸篇中,常常可以看到对事务的范畴进行极为细致的分类。如"知"有"闻、说、亲",而"闻"又分为亲闻与传闻。"知"又分"名"、"实"、"合"、"为",其中"名"分达、类、私;"合"分正、宜、必;"为"分存、亡、易、荡、治、化,等等。另外,《墨子·经下》篇还专门为分类制订了"异类不比"的原则,即不同的种类不得贸然相比较。

更为关键的是,作为近现代科学最为重要、最为典型的方法,观察和实验的方法在墨子那里得到了高度重视,这是先秦诸子乃至大多数中国古代思想家经常忽视的方法。墨子对于观察和实验方法的重视,从其有意设计的反射、小孔成像等光学实验中得到了非常具体的反映。

3. 墨辩逻辑

没有一定的推理知识和抽象的思维能力,就不可能对大量的经验事实材料进行理论概括,更不可能建立起系统的科学理论。墨子精研思维形式以及推理的规则,从而为其研究自然界的规律提供了强大的思维武器。

同时,墨子更首开先秦学派间辩诘之风。为了在辩论中战胜对方,墨子及其后学认真研究了辩论的技巧和方法,提出了"察类"、"明故"以及"言必立仪"等原则。并由此建立了一套相当完备的逻辑学体系,代表了中国古典逻辑学("名辩之学")的最高成就。

在墨子看来,逻辑学即"辩"学,乃是"别同异,明是非"的基本思维法则。他认为,人们运用思维,认识现实,作出的判断无非是"同"或"异","是"或"非"。为此,首先就必须建立判别同异、是非的法则,以之作为衡量、判断的标准,合者为"是",不合者为"非"。这种判断是"不可两不可"的,人们运用思维以认识事物,对同一事物作出的判断,或为"是",或为"非",二者必居其一,没有第三种可能存在,不可能二者都为"是",或二者都为"非",也不可能既"是"又"非",或既"非"又"是"。用形式逻辑的范畴表述,就是同一律、排中律和矛盾律。

由这一思维法则出发,墨子进而建立了一系列思维方法。他把思维的基本方法概括为:

> 摹略万物之然,论求群言之比。以名举实,以辞抒意,以说出故。以类取,以类予。(《墨子·小取》)

也就是说,思维的目的是要探求客观事物间的必然联系,以及探求反映这种必然联系的形式,并用"名"(概念)、"辞"(判断)、"说"(推理)表达出来。"以类取,以类予",相当于现代逻辑学的类比,是一种重要的推理方法。此外,墨子还总结出了假言、直言、选言、演绎、归纳等多种推理方法,从而使墨子的逻辑学形成为一个有条不紊、系统分明的体系,在古代世界中独树一帜,而与古代希腊的逻辑学、古代印度的因明学并立为三。

三 《墨子》与中华文化

(一)"显学"的中绝:帝国时代的思想命运

墨子,这位两千多年前的智者、学者、辩士、巧匠,既有儒家的担当精神,又超越了它讲求差等的宗法本位;既有道家的宽广胸怀,又超越了它的自适逍遥;既有法家的冷静理性,又超越了它的酷烈绝情;既有名家的条分缕析,又超越了它的徒求诡辩;既有兵家的雄才大略,又超越了它的胜不厌诈;既有纵横家的巧舌善辩,又超越了它的无视原则。他更有着别家所没有的科学精神和将自己的理想付诸实行、真践实履的奉献精神。他曾与他那个时代的众多圣贤一道,展开了一次次的思想的砥砺和交锋,共同创造了那个时代百花齐放、百家争鸣的思想繁荣。

然而,秦汉以后,那个由墨子创立的、曾经在战国时期横扫百家,叱咤风云的、被视为先秦"显学"的墨家,突然离奇地从宏阔壮远的中国古代思想发展史的巨流中消失了,消失得如此彻底,以致秦汉以后直到清朝中叶的近两千年的时间内,除了一些道教典籍将这个曾经为了天下之利而栖栖遑遑、勤生赴死的墨子荒诞地扭曲为一个离世逍遥的神仙外,几乎很少有人再郑重其事地将他提及,这就是所谓的"墨学中绝"。

对于墨家突然"中绝"的原因,人们众说纷纭:有人认为墨子的学说亡于酷烈的"秦火";有人认为他一贯与儒家唱反调,而遭致在汉代获得"独尊"地位的儒家的"罢黜";有人认为他"自苦行义",非常人所能坚定持守,最终只能因缺乏足够的大众吸引力而自生自灭;有人认为,作为墨子思想核心与基础的"兼爱",与建立在血缘宗法体制之上的帝制中国格格不入、水土不服,因而不能久存于世间;有人认为墨家组织严密,人多势众,擅长攻守,且绝对服从巨子,颇似民间武装帮会,从而为天生忌惮民间力量坐大、信奉"普天之下,莫非王土"、"履至尊而制六合"的帝王所扑杀;也有人认为,百科全书一般的墨家思想,经过与其他各家的思想碰撞,逐渐为儒、道、法、兵、农诸家吸收、肢解,以致自身的学派性格反而湮没不彰,以致中绝。

凡此种种,应该都有其道理,本书不拟于此别出新论,独陈异说,我们认为,"墨家中绝"肯定不是单因所致,以上所列诸种原因,应该都是造成墨家最终中绝的内在原因。只是想说明一点,墨家作为一个学派或学术团体,确实"中绝"了,不过,如果我们并不把目光局限在传统的思想传承路径之上,就会发现墨家思想仍通过一些易被忽视的载体,对社会中某些群体和个体发生着相当深远的影响,甚至成为世代相承的伦理文化传统和道德心理模式。如同许多当代学者所指出的那样,他的"重义"、"尚贤"、"民本"、"非攻"、"非命"、"力行"、"强本"、"节用"思想之于后世的儒家,他的"法仪"、"重功"、"尚贤"、"尚同"、"非命"、"力行"思想之于后世的法家,他的"兼爱"、"尚同"、"天志"、"明鬼"、"均财"思想之于后世的道教,他的"救守"、"备御"思想之于后世的兵家等等,都产生了极为深远的历史影响。

当然,在整个帝制中国,墨子思想的影响还只限于对儒、道、兵、法诸家的间接渗透而发生作用的,墨子和墨家本身,尚殊少为人所提及。

（二）道藏中的《墨子》：墨子与中国宗教

汉代以后，墨学几成绝学，而承载墨家之学的经典《墨子》一书的历史命运自然堪忧。直到清代中叶，方才由于考据学的兴起，使《墨子》的文本得以进入少数学者的视野，但学者们对于《墨子》一书的兴趣，更多的是满足考据家们对于古代文本进行校勘、整理，以图"援墨注儒"、"以子证经"的需要。其中，汪中、毕沅、孙星衍、张惠言、王念孙等清代一流的大学者都曾从事过《墨子》一书的校勘或注解工作，尽管这些工作无关于墨子思想本身，但毕竟为后人重新认识这位两千多年前的平民圣人铺平了道路。而值得一提的是清代考据学家校勘《墨子》的底本，却是来自于中国本土宗教道教。具体地说，就是明代正统道藏十五卷本，这也是学界展开墨子研究的通行本。这似乎也透露出，《墨子》与道教大有关系。

事实正是如此。如著名的道教研究学者李养正即认为，后世许多道教教派可被看作是由墨家后学所创建的：

> 道教虽一贯宗祖道家，而考其根核，实亦扎根于墨家土壤之中，特别是东汉的太平道与金代的真大道，承袭墨家的传统思想尤多，甚至可以说太平道和真大道颇似墨家之遗绪，是墨家后学在汉末、金初创建的民间宗教组织。①

墨家与道教以及民间宗教的历史联系确实不容忽视。早期道教的神仙方术典籍中，托名墨子的书很多，如《墨子丹法》《墨子枕中五行记》《五行变化墨子》《墨子闭气行气法》《墨子隐形法》《墨子占法》

---

① 李养正：《道教与诸子百家》，北京燕山出版社1993年版，第64页。

《墨子秘要》《灵奇墨子术经》等等,甚至《墨子》全书也被收入《道藏》,可见墨家与早期道教的渊源之深。与此相应,墨子本人也一再被道教视为教中的神仙一流。如葛洪《五行书》列墨子为"太极仙卿"、"治马迹山";陶弘景《真灵位业图》列墨子为玉清三元宫第四阶左五十二位神。凡此种种,固然不可尽信,但从中也确实可以看出墨子思想与道教学说之间存在着内在密切的联系,否则道教也不会依托墨子以自饰。

而早期道教经典《太平经》,更是非常明显地受到了墨子思想的深刻影响。这一点已为大多道教学者所认同。如道教学者王明先生在其专题讨论墨家学说对《太平经》的影响的经典文章《从墨子到〈太平经〉的思想演变》一文中指出,墨子思想中的宗教因素为《太平经》引进和吸收墨学思想提供了便利的桥梁。他认为:

墨学自秦汉以后如同墨侠一样消沉下去。而它的"天志""明鬼"的宗教思想却在社会上流传开来,被我国土生土长的道教正式吸收进去,这是明显的事。

同时,助人为乐、自食其力等墨学的优秀传统,虽然"经过封建统治者严重打击之后消沉下去,黯淡地度过一个相当悠长的时间,到后汉中晚期,又被我国原始道教经典吸收进去,成为民间道教思想精华的一部分"。就社会政治思想而言,《太平经》更是借鉴和吸收了墨学的相关内容,并加以系统化、理论化地改造和发挥。尽管现存《太平经》文本已是残缺严重、难睹全貌,但"从现存五十七卷《太平经》残书里,可以看到它的有关社会政治的一部分言论是从墨子思想演变来的"。换句话说,墨子的政治思想"自从秦汉之后,沉寂了三百多年,到后汉中晚期,在当时社会生活条件下,这种思想正式披着宗教的外衣,复活起来"①。李养正也从宗教、政治、伦理、方技等四个方面,对照比较《太平经》与《墨子》的内容,追根溯源,来说明两者之间存在着内在、深刻的思想联系。

除了思想上的联系,墨家的具有严密组织、严格纪律及自己的道德规范的民间结社形式也深刻地影响了后世中国土生土长的道教和其他民间宗教。

早期道教不仅广泛吸收墨子的许多思想为己所用,也大量借鉴了墨家组织原则和组织形式用于结社。与墨家"兼爱"的主张相应,太平道要求"与人相爱,若父子也",即超越于原有的血缘关系,以扩大的宗教家庭取代原有的血缘家庭,并对教内成员施以平等的爱心。这种爱人如己的思想一直延续到后世,明代的民间宗教教派"罗教"宣扬"或是男,或是女,本来不二,都仗着无生母,一气先天"、"吩咐会合男和女,不必你我分彼此"等等,即是说要摆脱各种人际你我、男女性别的界线的束缚,主张在宗教大家庭里人人都是无生老母的儿女,都是平等的。

与墨家组织强调绝对服从巨子领导一样,民间宗教也往往神化其"教主",要求教众对于教主的绝对服从。"天师道"创始人张陵,宣称自己为太上老君驻人间的总代表,拥有无上的权力,罗教创始人罗梦鸿自称是古佛转世,圆教教主方荣升假托天神,自号"蓬莱无终老祖",所以在这些宗教组织中,往往奉行墨子所谓的"上之所是,必皆是之,上之所非,必皆非之"组织原则,唯教主马首是瞻。也正因此,类似墨家"赴火蹈刃,死不旋踵"的精神在民间宗教中不乏其例,如"一切任其教主指使,捆绑、烧炙、截耳、割筋,毫元忌惮"。清代天理

---

① 王明:《从墨子到〈太平经〉的思想演变》,《道家和道教研究》,中国社会科学出版社1984年版,第183页。

教教主李文成在被围困后举火自焚,部下数十人都冲入烈火,拥抱着他而死。这不能不令人想起墨家巨子孟胜及其徒众死难阳城的悲壮故事。

墨家有"墨者之法",后来"天师道"不仅有一套教内法,甚至还建立了自己的政权组织,他们"以鬼道教民,自号师君,其来学道者初皆名鬼卒,受本道以信,号祭酒,皆教以诚信不欺诈,有病自道其过,……犯法者,三原然后行刑,不置长吏,皆以祭酒为治,民夷便乐之"(《三国志·张鲁传》)。这种政教合一的政权,可谓墨家组织的放大形式。

墨子曾说,墨者之徒要"有力相营,有道相教,有财相分"(《墨子·天志》),对于这一说法,太平道几乎完全照搬,提倡"人有财相通","有知相教","赐饥者以食,寒者以衣"。天师道则直接把"有财相分"思想付诸实践,要求徒众入教时纳米五斗,用于互助。后来,始于墨家的"有财相分"思想日益成为民间宗教组织非常具有普遍性的一项原则。明代的白莲教要求教徒交纳一定数量的银钱,以此"有患相救,有难相死,不持一钱可周行天下"。清代的天理教则把教徒交纳的"根基钱"用来周济穷苦的教徒和群众,"有告贷者辄给之",等等。

总之,中国古代的民间宗教以及大多扎根民间的道教与墨家学派,不论在思想还是在作风乃至组织形式上,都有着不可割裂的关系。国学大师章太炎在《黄巾道士缘起》一文中所认为的"墨子之传,绝于汉后,……汉、晋后道士,皆其流也"(《章氏丛书检论》卷三),著名历史学家郭沫若《十批判书·孔墨的批判》中所谓墨子具有"标准的教主人格"等论断,不能不说有其反映历史真实的一面。

(三) 墨家之守:《墨子》"城守诸篇"与中国军事

墨子认为,"惟非攻,是以讲求备御之法",从"非攻"出发,《墨子》还用了相当篇幅论述了作为弱小国家如何积极防御的问题。如同我们在墨子"止楚攻宋"的过程中所看到的那样,墨子深知,光讲道理,楚惠王一类的大国君主是不会轻易放弃战争的,因而他在反复陈说其"兼爱"、"非攻"思想的同时,还"深谋备御",以积极防御制止以大攻小的侵略战争。这些研究防御作战的论述,集中在《备城门》以下的"城守诸篇"中,并形成了一个以城池防守为核心的防御理论体系。

墨子的善于守城,能打和善打防御战,自古就为人所称道。早在战国时期,齐国说客鲁仲连就曾在劝说燕国将领放弃聊城的信中提到:

今公又以弊聊之民,距全齐之兵,期年不解,是墨翟之守也。(《战国策·齐策六》)

这表明在战国时期,"墨翟之守"已经成为一个众所周知的成语而被人使用。司马迁在短短24个字的墨子传略中,也曾提到墨子"善守御",这当然不是信口而言。而"墨翟之守"这一成语又在后来的语言演变中,逐渐简化为今天仍然使用的"墨守"一词。所谓"墨守",即指牢不可破地防守。东汉经学家何休钟情于《春秋公羊传》的学问,因此将他研究公羊学的著作称为《公羊墨守》,同时代的经学家郑玄为反驳何休的公羊学理论,亦特地撰写了《发墨守》一书。后来人们常说的"墨守成规"一词,匣然含有因循守旧、不思进取的贬义,但"墨守"所蕴含的坚守不动摇的意思,确实与"墨翟之守"有着一脉相承的关系。①

"墨翟之守"或"墨守"就其本意而言,意味着被守城池的坚不可摧、牢不可破,这也充分显示了墨子及其门众之守御之道的高明。而"墨翟之守"在墨子那里也并非秘不示人的独门绝技,在其传世的著作《墨子》中,有多篇文章详细介绍了"墨守"的秘密。历史学家岑仲勉先生曾撰《墨子城守各篇简注》一书,对于《墨子》中《备城门》以下11篇的文字和内容进行了详细梳理。通过梳理,他进一步认识到了墨子城防军事思想的伟大,认为墨子的这些文字,足以与武经《孙子兵法》相比肩,他说:"墨子这几篇书,我以为在军事学中,应该与孙子兵法同当作重要资料,两者不可偏废的。"②墨学专家张知寒更明确地说:"墨子的这部'兵书',与主要研究大国进攻战规律的《孙子兵法》,恰好成为古代军事史上的'双子星座',二者相辅相成,互为补充,是同样重要的军事'经典'。"③

当今世界在政治、经济、科技、文化等各个领域都取得了以往无法想象的巨大进步,但在和平事业领域却远远没有取得相应的进展。上世纪两次世界大战所造成的触目惊心的破坏和死亡、当代地区冲突的愈演愈烈以及足以毁灭人类多次的核武器的存在和扩散,都时刻提醒着人们必须高度重视国际和平问题。由此,如何避免战争,进而消除战争根源的"和平学"正日益成为一门系统的科学,受到世界各国有识之士的重视。而在探讨世界和平这一问题时,墨子超越国家利益反战非攻的普遍和平理论,应当可以给人们提供十分有益的

---

① 由此,读者诸君是否意识到,如果我们知道量子通信是目前为止唯一被严格证明可提供无条件安全的通信手段,则我们在引言中提出的人类第一颗量子通信卫星为何被命名为"墨子号"的问题,就有了显而易见的答案。
② 岑仲勉:《墨子城守各篇简注》,中华书局1958年版,第2页。
③ 张知寒:《略论墨子积极防御的军事学》,见《墨子研究论》(三)山东人民出版社1995年版。

借鉴和启迪。日本宗教学者池田大作和美国历史学家汤因比在《展望21世纪》一书中,即提出了与墨子极为相似的反战思想:

> 杀人是出于个人动机。……这在任何国家都是依法严加禁止的,对这样的行为是严加制裁的。相反,进行战争的主体却是严禁出于个人动机杀人的国家。并且对国家的犯罪行为,还没有建立制裁制度,因此至今还通行着胜利者即为正义这样极其野蛮的法则。这是一个很大的矛盾。人类几千年来默认了这一谁也无法接受的荒谬逻辑。……所谓和平是相互之间不加任何恐怖于对方,相互信赖,相互爱护的一种状态。这种和平状态才是人类社会的正常状态。惟有这样才可以称之为人类社会。我想说,建立这样的社会才是人类的政治领导者、思想家、所有的知识分子最大的课题。①

显然,这与墨子所提出的解决战争问题的思路若出一辙:

> 视人之室若其室,谁穿?视人身若其身,谁贼?故盗贼亡有。犹有大夫之相乱家,诸侯之相攻国者乎?视人家若其家,谁乱?视人国若其国,谁攻?故大夫之相乱家,诸侯之相攻国者亡有。若使天下兼相爱,国与国不相攻,家与家不相乱,盗贼无有,君臣父子皆能孝慈,若此,则天下治。(《墨子·兼爱上》)

事实上,池田大作和汤因比也看到了这一点,因此他们还说:

> 墨子关于舍去利己,树立爱他的兼爱学说,是反对侵略战争的先

---

① 汤因比、池田大作:《展望21世纪》,国际文化出版公司1985年版,第359页。

导。就是说,正如谴责侵害他人牟取私利的强盗行为一样,也应该谴责大国侵害小国,谴责大量屠杀和破坏经济的行为。这种理论是极为近代化的。……现在应作为世界性的理论去理解。①

(四)三教外的"奇葩":《墨经》与逻辑、科学

中国古代科学不仅同古代西方科学一样光辉灿烂,而且直到15世纪以前,中国在科学和技术上还一直领先于欧洲。但在15至17世纪之间,欧洲通过复兴古希腊文化中的某些科学精神,在科学领域内完成了科学革命,实现了向近代科学的转型和长足发展。相反,中国古代科学却一直保持着后来被视为中国科学之传统的一些特点(如经验直观性等),未能实现某种转型并获得新的动力,渐渐在世界科学大舞台上落伍。具有如此丰厚之基础的中国科学为什么没有像15—17世纪的欧洲那样发展出近代科学文化?以研究中国科学史而享誉学术界的李约瑟博士早在40年代就提出过同样的问题,受到国际科学史界的广泛关注,这一问题相应地被称为"李约瑟难题"。许多学者认为,西方科学之所以能转型于近代科学,重要的原因是古希腊文明时代的一批科学家和哲学家(如阿基米德、欧几里德等)为之奠定了坚实的科学基础。相反,中国传统科学之所以没有发展出近代科学,也恰是因为缺少这样的基础,如爱因斯坦就曾说:

西方科学是以两个伟大的成就为基础,那就是:希腊哲学家发明形式逻辑体系(在欧氏几何学中),以及通过系统的实验发现有可能

---

① 汤因比、池田大作:《展望21世纪》,国际文化出版公司1985年版,第359页。

找出因果关系(在文艺复兴时期)。在我看来,中国的贤哲没有走上这两步。①

然而当我们翻开历史,就会发现,早在春秋战国这个与古希腊文明同样光辉灿烂的时代,就产生了一个与西方科学的"种子"非常相似的理论体系——墨家科学与逻辑学。

以现代人的眼光看,墨子思想之所以能够在灿若星河的先秦诸子百家中独树一帜,不仅仅在于他提出了"兼爱"、"非攻"、"非命"、"尚贤"、"节用"之类的社会伦理主张,还在于能够在当时中国的大多数学派沉溺于政治人伦的探讨之际,在宇宙论、数学、几何学、力学、光学乃至心理学等自然科学领域作出了深入探讨,并将研究成果及时地应用于实践,在民用工具、城防器械等方面的制作方面,独领风骚,取得了前所未有的成就,在中国古代科技发展史上留下了闪光的足迹。而且,作为与印度的因明学、古希腊亚里士多德逻辑学并称为世界三大古典逻辑体系的墨辩逻辑学,更为其科学研究提供了一套极为系统的方法论指导。可以说,墨子的科学、理性精神,不仅在其生活的时代前无古人,而且在整个中国古代思想发展史上,也可以称得上后无来者。

重视科学、重视方法是墨家的一贯传统,也是墨家区别于其他各家的典型特征。墨家的这种重科学、重方法传统是由墨子所开创。如前所述,墨子本人就掌握着许多具体的知识技能。在教育弟子时,墨子曾设立谈辩、说书和从事三科,这可以看出他对知识和能力的重视程度。他甚至把能力看成是判断一个人是否为贤才的重要标准。在具体的知识之外,墨子还特别重视思维方法的训练,他不但提出了

---

① 《爱因斯坦文集》第一卷,商务出版社1976年版,第574页。

"类"和"故"这些抽象的范畴,而且提出了推论的基本原则和方法,如"察类"、"明故"和"三表法"等。这些原则和方法成了后期墨家研究逻辑和科学的指导思想。在此基础上,墨子及其后学建构了一套严谨有度的逻辑系统,获致了许多科学发现。他们在几何学、光学、力学等方面均有杰出的贡献。除此之外,后期墨家还在他们的研究中注入了一种新的精神,如着重推理分析、追求确定性、重视观察和实验等,这种精神在中国文化传统中绝非常见。

中国传统文化素来重人文而不重科学。影响到思维方式上,就是重直觉不重理性、重综合而不重分析。影响到知识系统上,就是逻辑学的匮乏。中国古代逻辑学的水平一直停留在先秦时期,后来几乎没有多少发展。印度因明学也曾一度随着佛教唯识学传入,可昙花一现后就再也少人问津了。逻辑是科学的基础,逻辑学不发达对中国科学的发展产生了非常不利的影响。中国传统科学号称长期领先于世界,但中国比较发达的科学主要是一些实用科学和技术,而理论科学则显得极为贫乏。实用科学主要靠经验的积累,主要是为了满足某种实际的需要。这导致中国传统科学的形态大多停留在经验的层面,缺少严密的理论体系。

另外,中国传统科学除了实用化这个特征外,还与伦理、政治等问题纠缠不清。由于儒家传统的影响,中国文化带有强烈的伦理主义色彩,这一点影响到科学上,使传统科学带上了浓厚的伦理化特征。人们之所以研究自然现象,大多是出于某种道德的目的。正如有论者指出的,在这种思想支配下,人们很难把自然界当作科学的客观对象来研究。理气之争与善恶相随,天地日月之论与君臣等级相伴,世界是万物交感的世界,学问家的任务在于建立起包括自然现象在内的给出伦理说明的理论体系。

在这种情况下,重温墨家的逻辑和科学贡献,了解墨子的思想和方法,恐怕就不再是多余的事了。它不但有助于正确地认识和对待自己的传统,而且有助于培养当今中国人的理性分析精神与科学素养。

(五)专制与民主:《墨子》与中国近代政治

近代以来,随着列强入侵中国的深入所引发的民族矛盾的激化和西方思想的涌入,墨子思想本身的价值日益得到越来越多有识之士的关注。尤有甚者,在民族主义情绪的激发下,更将墨子的思想视为西方思想的中国源头。如邹伯奇说:

谓西学源于墨子可也。(《邹微君遗书·学计一得卷下》)

王闿运的《墨子校注序》则更具体地说:

经说中有光、重诸法,悉泰西所本。目为巨子者,矩子,十字架也。

十世之后,九州之外,释迦、耶稣皆无位而奉为圣师,本墨家也。……墨尤工制器,西海传其学,……同治以来,西学盛行,徒袭墨之粗迹,不知其出于墨。

这种将墨子的力学、光学、宗教、技艺等思想定为西学鼻祖的想法并不是一人一时之论,黎庶昌就认为:

泰西各国耶稣天主教盛行尊天、明鬼、兼爱、尚同,其术灼然本诸《墨子》。(《湘绮楼文集》卷三)

甚至连维新人士黄遵宪也坚持认为：

> 泰西之学，其源流皆出于墨子。其谓人有自主之权，则墨子之尚同也；其谓爱邻如己，则墨子之尊天明鬼也。至于机器之精攻守之能，则墨子备攻备突、削鸢能飞之绪余也。而格致之学，无不引其端于《墨子》经上下篇。（《日本国志·学术志》）

无疑，"西学墨源"的说法绝对是视野狭窄、常识缺乏、不顾历史事实的，但从中也能看出墨子的地位正在发生着令人瞩目的变化。于是，19世纪末20世纪初，被历史忽视了两千年之久的墨学居然又成为一时"显学"。革命派报纸《民报》第一期撇开孔孟老庄，刊登了墨子像，将之与黄帝、卢梭、华盛顿并列，并奉之为"平等博爱"的中国宗师。章太炎、梁启超以及后来的新文化运动的领军人物陈独秀、胡适、鲁迅等人无不对墨子之学赞扬有加，推崇备至。在他们的鼓吹之下，墨子日益出现在当时的政治家、思想家和激进青年的口耳相传中，一场在现代中国持续多年的"墨学热"终于出现了。

正如学者贺更行所指出的那样，墨学的"复兴"，并非当时中国士人们一时的心血来潮。自从鸦片战争以来，中西文化之间剧烈的碰撞，儒家的礼治文化已明显不能满足变法维新、救亡图强的需要了。在这种空前的文化危机面前，启蒙思想家在宣扬西方文化的同时意外地发现了墨学的价值：墨学重理性，讲科学，谈逻辑，尤其是墨家赖力自强的兼爱精神集中反映了救亡图强的时代主题。并且，他们惊喜地发现，平等、博爱等思想也并不仅仅是舶来品，墨子早在两千年前就已经提出了，而且墨家的"尚同"思想竟与他们所倡导的"大同社会"理想不谋而合。因此，复活墨子思想中这些有价值的东西,不仅可以与西学相贯通,而且足以启发千年蒙昧,解放众人思想,使之成为反对儒家为主导的传统文化、进行维新变法乃至民主革命的有力思想武器。一句话,被后来中国启蒙学者们奉为"德先生"和"赛先生"的民主与科学,都能在墨子思想中找到传统的依据。墨子思想几乎成为了当时拯救时艰国难的最佳良药。如梁启超即断言:

今欲救之,厥惟墨学,唯无学别墨而学真墨。(《子墨子学说》)

许啸天指出:

墨家同情心的深厚,义务观念的坚强,牺牲精神的伟大,实在值得吾人的崇拜,值得吾人的研究,更其是值得整理的——尤其是现在的人心时局,墨子思想却是一剂对症的良药,如何可不快快的整理快快的宣传以求挽回人心于万一。

对传统文化持批判立场的易白沙也不得不承认:

周秦诸子之学,差可益于国人而无余毒者,殆莫如于墨子矣。

也正因为此,近代以来,不少仁人志士以墨子"尚贤"、"尚同"的政治学说作为近代民主政治的先声。如洋务运动代表人物薛福成、郭嵩焘等人就将西方近代民主启蒙思想与墨家"兼爱"、"尚同"等重要主张等同起来:

夫平等之说,导源于墨子,泰西人人有自主权利,爱汝邻如己,亦出于墨子之兼爱、尚同。①

谭嗣同则将墨子的"尚贤"作为其反对君主专制、倡导民主自由的武器。他在《仁学》一书中明确指出:

> 生民之初,本无所谓君臣,则皆民也。民不能相治,亦不暇治,于是共举一民为君。夫曰共举之,则非君择民,而民择君也。

又说:

> 然为各国计,莫若明目张胆,代其革政,废其所谓君主,而择其国之贤明者,为之民主,如墨子所谓"选天下之贤者,立为天子",俾人人自主,有以图存,斯信义为复也。

梁启超亦将墨子政治思想等同于霍布斯、洛克、卢梭等人的"社会契约论":

> 墨子之政术,民约论派之政术也,泰西民约主义,起于霍布士,盛于洛克,大成于卢梭……②

以上种种观点无不表明,两千多年前墨子的政治思想确实称得上是现代中国的"民主先声"。

---

① 《湘报类纂》甲集上,大通书局1968年版,第7页。
② 梁启超:《子墨子学说》,第37页,载《饮冰室合集》第八册,中华书局1989年版。

（六）自苦行义：墨子与中国"侠义"道

可以说，侠的存在是两千多年来中国社会一种特殊的社会历史文化现象。作为一种打抱不平、急难济困、无私无畏、忠贞坚忍、重诺疏财、惜誉轻生的价值载体，侠的形象如同一种挥之不去的"基源意象"，一直徘徊在千古中国文人的心梦中，活跃于亿万普通民众的理想乃至崇拜中，直到今天，仍然如此。金庸、古龙、梁羽生的武侠小说老少咸宜、妇孺皆知，即是明证。

值得一提的是，在迄今关于"侠"的最早文献记载中，"侠"并非一个正面概念。韩非在他罗列社会五大公害的《五蠹》篇中提到："儒以文乱法，侠以武犯禁。"这就是说，侠是一种无视社会法律禁令的社会存在，其存在除了"活贼匿奸"、"犯五官之禁"从而"废敬上畏法之民"外，别无他用。所以仅凭这一点，对于这位先秦法家思想的集大成者而言，侠就是绝对不能容忍、必除之而后快的了。不过，韩非对于侠的表述，除了这段从社会价值角度的负面评价之外，并没有更为深入地展开。

而对侠客义举以及侠义精神进行详细梳理、明确表述的文献，乃是"太史公"司马迁的不朽史作《史记》，在其《刺客列传》和《游侠列传》中，司马迁不仅为韩非所不屑一顾的"以武犯禁"者作传，使得诸如曹沫、聂政、专诸、豫让、荆轲等先秦刺客和朱家、郭解、剧孟、田仲、王公、万章、仇景、赵他羽、赵调等汉初游侠的事迹留诸汗青，而且还对侠义观念和侠的人格精神进行了明确疏解。在《游侠列传》中，他说：

> 今游侠，其行虽不轨于正义，然其言必信，其行必果，已诺必诚，不爱其躯，赴士之厄困，既已存亡死生矣，而不矜其能，羞伐其德，盖

亦有足多者焉。……诚使乡曲之侠与季次、原宪比权量力，效功当世，不同日而论矣。要以功见言信，侠客之义又曷可少哉！

可见，尽管如韩非一样，在司马迁看来游侠之举可能"不轨于正义"，即出轨于社会公认的律条纲常，但游侠的人格精神却值得为人称道。具体而言，它体现为四个方面，即："言必信、行必果"、"已诺必诚"的诚实守信品质；"赴士之厄困"急难济困的责任感；"不爱其躯"的利他主义和牺牲精神；"不矜其能，羞伐其德"的薄名重义精神。

而以司马迁所概括侠义精神来比照墨家思想，则以上四个方面无一不具体而微地体现在其中。侠之守信重诺，墨子亦云：

言必信，行必果，使言行之合，犹合符节也。（《墨子·兼爱下》）

侠之急难济困，墨子主张：

有力者疾以助人，有财者勉以分人，有道者劝以教人。若此则饥者得食，寒者得衣，乱者得治。（《墨子·尚贤下》）

侠之牺牲利他，墨子"摩顶放踵，利天下而为之"甚至"赴火蹈刃，死不还踵"；侠之恪守道义，墨子更是认为"万物莫贵于义"，并将"义"视为"天下之良宝"（《墨子·贵义》）而上说下教，可谓强聒不舍、自苦为极。

考虑到韩非提及"侠"时与"儒"并列，结合先秦至秦汉往往儒墨并举的惯例，则韩非以"侠"代称墨子墨家也未必没有可能。而墨家兼爱天下的精神与司马迁所谓的侠义精神之契合，似从韩非的反面印证了墨与侠的可能关联。

也正因为此,现代以来,许多著名学者皆以侠为墨家之徒。如晚清学者陈沣就提出:

> 墨子之学,以死为能,战国时侠烈之风,盖出于此。(《东塾读书记》)

康有为也认为:

> 侠即墨也,孔、墨则举姓,儒、侠则举教名,其实一也。(《孔子改制考》)

梁启超更发挥说:

> 先秦书多儒墨对举,汉人亦以儒侠对举,史记所谓"儒以文乱法,而侠以武犯禁"是也。墨氏之教,"损己而益所为"、"为身之所恶以成人之所急",《淮南子》谓"墨子服役者百八十人,皆可使赴火蹈刃,死不旋踵",陆贾《新语》谓:"墨子之门多勇士"。然则战国末年以逮汉初,其游侠传中人物,皆谓之"别墨"可也。①

谭嗣同《仁学》提出,侠产生于墨家之中,"墨有两派:一曰'任侠',吾所谓仁也";另一派"格致",即是他所说的"学"。鲁迅也明确指出:"孔子之徒为儒,墨子之徒为侠。"②闻一多说:"墨家失败了,一气愤,

---

① 梁启超:《墨子学案》,商务印书馆1921年版。
② 鲁迅:《三闲集·流氓的变迁》,《鲁迅全集》卷四,人民文学出版社1981年版,第155页。

自由行动起来,产生所谓游侠了。"①顾颉刚也说:"任侠源于墨家。"②侯外庐则认为:"墨子学派的后期发展","一派变为社会运动的游侠"③。吕思勉在其《先秦学术思想概论》中说:"墨之徒党多为侠",等等。

值得一提的是冯友兰先生的观点。他也认为墨家与侠大有关系,但不同于此前学者所认为的侠源于墨的观点,而是认为墨源于侠。他说:"及贵族政治崩坏以后,失业之人乃有专以帮人打仗为职业之武专家,即侠士,此等人自有其团体,自有其纪律。墨家即自此等人中出;墨子所领导之团体,即是此等团体。此等人之生活,可于墨子书中见之。"同时,他也对墨与普通"侠士"的区别进行了概括:

(一)侠士为帮人打仗专家(类似今日的雇佣兵),而墨家者流为主义的帮人打仗专家。墨子非攻,专替被攻者之弱小国家打仗。

(二)墨子不仅为有主义的打仗专家,亦且进讲治国之道。"被坚执锐,救诸侯之患",正是普通侠士之行为。墨子以为此不过一夫之勇,故更进而讲求治国平天下之道。墨子于此点,似受孔子儒家影响。

(三)侠士之团体中本自有其道德,墨子不但实行其道德,且将此道德系统化、理论化,并欲使之普遍化,以为一般社会之公共的道德。

这就是说,侠只是墨家得以产生的社会背景,墨家成为一个学派则是因为它超越了侠,并对侠的实践行为进行了理论的说明。"有福

---

①闻一多:《关于儒、道、土匪》,《闻一多全集》第三卷,上海三联书店1982年版,第442页。
②顾颉刚:《顾颉刚读书笔记》第一卷,台北经联出版事业公司1990年版,第469页。
③侯外庐:《中国思想通史》第一卷,人民出版社1957年版,第197页。

同享,有马同骑"、以富济贫等,是侠士的团体中所讲所行的道德,也是墨子所领导的团体中所讲所行的道德。只是"墨家兼爱之教,即将此道德理论化,并欲以之普遍化于一般社会也"①。

由此,我们可以说,墨子和他创立的墨家侠气逼人、侠风盎然,但他绝不简单等同于普通的侠士或侠客,一时一处的意气之争、一言不合血溅五步的好勇斗狠自然不是墨家所倡导,但重诺轻生、振穷周急、忠贞坚忍、打抱不平的墨家精神则毫无疑问被后来的侠义道奉为圭臬。我们很难明确判断,像墨子那样,以百姓之心为心,以百姓之苦为苦,舍生取义,信奉并践履"义之所在,虽千万人,吾往矣;义之所弃,虽万金,将于我何干"的精神,直接影响并塑造了中国古代的侠义之道,但有理由相信,这种豪气干云的兼爱天下精神本身,在墨家于秦汉中绝之后并未失传。

当然,也正如冯友兰先生所见到的那样,墨家区别于普通侠士之处,还在于他不仅有兼爱之心和切实的侠义践履,而且更提出了自己的"治国平天下之道",有其"系统化、理论化"并力图使之"普遍化"的"主义"的。也即,墨子不仅仅是一位有情有义、有勇有为的侠义精神的代表,也是一位有智有谋、有才有识的思想家、政治家、道德家以及教育家。也正是在这个意义上,我们更有理由认为,墨子乃是中国历史上真正的"侠之大者"。

---

① 冯友兰:《原儒墨》,收于《三松堂全集》,河南人民出版社2011年版。

四 《墨子》精华语段选读

（一）总论

【原文】子墨子曰：天下从事者，不可以无法仪①；无法仪而其事能成者，无有也。虽至士之为将相者，皆有法。虽至百工从事者，亦皆有法。（《法仪》）

【注释】

① 法仪：即法度、准则。

【译文】墨子说：天下凡是做事的人，不能没有法则规矩；不依据法则而能把事情做好，是绝无可能的。即使士人做了将相，他也必须有法度。即使从事于各种行业的工匠，也都有法度。

【原文】言而毋仪，譬犹运钧之上，而立朝夕者也①，是非利害之辨，不可得而明知也。故言必有三表②。何谓三表？子墨子言曰：有本之者，有原③之者，有用之者。于何本之？上本之于古者圣王之事；于何原之？下原察百姓耳目之实；于何用之？废④以为刑政，观其中国家百姓人民之利。此所谓言有三表也。（《非命上》）

【注释】

① 钧：制陶用的转轮；朝夕：此处代指时间测量工具。

② 表：此处通"标"，意为标准。

③ 原：推断、考察。
④ 废：通"发"。

【译文】说话没有准则，好比在陶轮之上，放立测量时间的仪器，就不可能弄明白是非利害之分了。所以言论有三条标准，哪三条标准呢？墨子说："有本原的，有推究的，有实践的。"如何考察本原？要向上本原于古时圣王事迹。如何推究呢？要向下考察百姓的日常事实。如何实践呢？把它用作刑法政令，从中看看国家百姓人民的利益。这就是言论有三条标准的说法。

【原文】子墨子言曰："仁人之所以为事者，必兴天下之利，除去天下之害，以此为事者也。"然则天下之利何也？天下之害何也？子墨子言曰："今若国之与国之相攻，家之与家之相篡，人之与人之相贼，君臣不惠忠，父子不慈孝，兄弟不和调，此则天下之害也。"（《兼爱中》）

【译文】墨子说："仁人处理事务的原则，一定是为天下兴利除害，以此原则来处理事务。"既然如此，那么天下的利是什么，而天下的害又是什么呢？墨子说："现在如国与国之间相互攻伐，家族与家族之间相互掠夺，人与人之间相互残害，君臣之间不相互施惠、效忠，父子之间不相互慈爱、孝敬，兄弟之间不相互融洽、协调，这就都是天下之害。"

【原文】子墨子曰："万事莫贵于义。今谓人曰：'予子冠履，而断子之手足，子为之乎？'必不为。何故？则冠履不若手足之贵也。又曰：'予子天下，而杀子之身，子为之乎？'必不为。何故？则天下不若身之贵也。争一言以相杀①，是贵义于其身也。故曰：万事莫贵于义也。"子墨子自鲁即齐，过故人，谓子墨子曰："今天下莫为义，子独自苦而为义,子不若已。"子墨子曰:"今有人于此,有子十人,一人耕而九人处,则耕者不可以不益急矣。何故?则食者众而耕者寡也。今天下莫为义,则子如②劝我者也,何故止我?"(《贵义》)

【注释】

① 争一言以相杀:此处特指为符合道义的言论而牺牲。

② 如:即宜、应当。

【译文】墨子说:"万事没有比义更珍贵的了。假如现在对别人说:'给你帽子和鞋,但是要砍断你的手、脚,你干这件事吗?'那人一定不干。为什么呢?因为帽、鞋不如手、脚珍贵。又说:'给你天下,但要杀死你,你干这件事吗?'那人一定不干。为什么呢?因为天下不如自身珍贵。因争辩一句话是否符合公义而遭致杀身,是因为把义看得比自身珍贵。所以说:万事没有比义更珍贵的了。"墨子从鲁国到齐国,探望一位老朋友。朋友对墨子说:"现在天下没有人行义,你何必独自苦行为义,还是放弃了吧。"墨子说:"现在这里有一人,他有十个儿子,但只有一个儿子耕种,其他九个都闲着,耕种的这一个不能不更加紧张啊。为什么呢?因为吃饭的人多而耕种的人少。现在天下没有人行义,你应该勉励我行义,为什么还制止我呢?"

【原文】子墨子曰:"必去六辟①。默则思,言则诲,动则事,使三者代御,必为圣人。必去喜,去怒,去乐,去悲,去爱,而用仁义。手足口鼻耳,从事于义,必为圣人。"(《贵义》)

【注释】

① 辟:通"僻",邪僻。

【译文】墨子说:"一定要去掉六种邪僻。沉默之时能思索,出言能教导人,行动能从事义。使这三者交相为用,一定能成为圣人。一定要去掉喜,去掉怒,去掉乐,去掉悲,去掉爱,以仁义作为一切言行的准则。手、脚、口、鼻、耳,都用来从事义,一定会成为圣人。"

(二)节用、节葬与非乐

【原文】圣人为政一国,一国可倍也;大之为政天下,天下可倍也。其倍之,非外取地也,因其国家去其无用之费,足以倍之。圣王为政,其发令、兴事、使民、用财也,无不加用而为者。是故用财不费,民德①不劳,其兴利多矣!(《节用上》)

【注释】

① 德:通"得"。

【译文】圣人在一国施政,一国的财富可以加倍增长。大到施政于天下,天下的财富可以加倍增长。这种财富的加倍,并不是通过向外掠夺土地所致,而是根据国家的实际需要,省去无用的花费所致,如此去做就足以使财富加倍。圣王施政,他发布命令、兴办实业、役使民力、消耗物资,没有不是满足于实际需要才去做的。所以使用财物不浪费,民众能不被劳役所苦,如此,创造的财富就足够多了。

【原文】故子墨子曰:"去无用之费,圣王之道,天下之大利也。"(《节用上》)

【译文】所以墨子说:"去除不切实用的花费,乃是圣王之道,天下的大利。"

【原文】是故子墨子曰:"乡①者,吾本言曰:意亦使法其言,用其谋,计厚葬久丧,请②可以富贫、众寡、定危、治乱乎?则仁也,义也,孝子之事也!为人谋者,不可不劝也;意亦使法其言,用其谋,若人厚葬久丧,实不可以富贫、众寡、定危、治乱乎?则非仁也,非义也,非孝子之事也!为人谋者,不可不沮也。是故求以富国家,甚得贫焉;欲以众人民,甚得寡焉;欲以治刑政,甚得乱焉;求以禁止大国之攻小国也,而既已不可矣;欲以干上帝鬼神之福,又得祸焉。上稽之尧、舜、禹、汤、文、武之道,而政③逆之;下稽之桀、纣、幽、厉之事,犹合节也。若以此观,则厚葬久丧,其非圣王之道也。"(《节葬下》)

【注释】

① 乡:通"向"。

② 请:通"诚"。

③ 政:通"正"。

【译文】所以墨子说:"过去,我就说过:假使效法并采用厚葬久丧的观点,确实可以使贫者富、寡者众、危者定、乱者治吗?那自然是仁义双全、孝子应做的事。因此为人臣者也不可不勉励他这样做。但是,假使效法并采用厚葬久丧的观点,确实不可以使贫者富、寡者众、危者定、乱者治,那就一定是不仁不义、孝子所不当为的事。所以为人臣者就不可不阻止他这样做。显而易见,试图通过厚葬久丧使国家富足,而只能导致更加贫困;试图通过厚葬久丧来使人丁兴旺,却只能导致人口减少;试图通过厚葬久丧实现刑治政理,却只能使国家更加混乱;试图通过厚葬久丧禁止大国攻打小国,也无异于缘木求鱼;试图通过厚葬久丧求取上帝鬼神的赐福,却反而遭致祸殃。我们上从尧、舜、禹、汤、周文王、周武王之道来考察它,结论正好与之相反;下从桀、纣、周幽王、周厉王之事来考察它,反而若合符契。如此看来,显然厚葬久丧绝非圣王之道。"

【原文】民有三患,饥者不得食,寒者不得衣,劳者不得息。三者,民之巨患也。然即当为之撞巨钟、击鸣鼓、弹琴瑟、吹竽笙而扬干戚①,民衣食之财,将安可得乎?即我以为未必然也。意舍此,今有大国即攻小国,有大家即伐小家,强劫弱,众暴寡,诈欺愚,贵傲贱,寇乱盗贼并兴,不可禁止也,然即当为之撞巨钟、击鸣鼓、弹琴瑟、吹竽笙而扬干戚,天下之乱也,将安可得而治与? 即我未必然也。是故子墨子曰:"姑尝厚措敛乎万民,以为大钟、鸣鼓、琴瑟、竽笙之声。以求兴天下之利,除天下之害,而无补也。"是故子墨子曰:"为乐,非也!"(《非乐上》)

【注释】

① 干:盾;戚:斧形兵器。

【译文】 老百姓有三种忧患:饥饿的人得不到食物,寒冷的人得不到衣服,劳累的人得不到休息。此三者是百姓最大的忧患。然而当为他们撞击巨钟,敲锣打鼓,弹琴弄瑟,吹竽鼓笙,舞动干戚,百姓的衣食财物能从中得到满足吗? 我认为未必如此。且不谈这一点,当今大国攻击小国,大家族攻伐小家族,强壮的凌虐弱小的,人多的欺负人少的,奸诈的欺骗愚笨的,高贵的鄙视低贱的,外寇内乱盗贼共同兴起,不能禁止。如果为他们撞击巨钟,敲锣打鼓,弹琴弄瑟,吹竽鼓笙,舞动干戚,天下的纷乱能从中得到治理吗? 我以为未必如此。所以墨子说:"如果向黎民百姓征敛大量钱财,换取钟、鼓、琴、瑟、竽、笙之声,以求兴天下之利,除天下之害,必将于事无补。"墨子在此意义上说:"(大张旗鼓地)从事音乐是错误的!"

(三) 尚贤与尚同

【原文】 子墨子言曰:"今者王公大人为政于国家者,皆欲国家之富,人民之众,刑政之治。然而不得富而得贫,不得众而得寡,不得治而得乱,则是本失其所欲,得其所恶。是其故何也?"子墨子言曰:"是在王公大人为政于国家者,不能以尚贤事能为政也。是故国有贤良之士众,则国家之治厚;贤良之士寡,则国家之治薄。故大人之务,将在于众贤①而已。"(《尚贤上》)

【注释】

① 众贤：使贤人众多。

【译文】 墨子说："当今王公大人治理国家，都希望国家富强、人民众多、刑政治理，然而结果却总是国家不得富强反而贫困，人口不得众多反而减少，刑政不得治理反而混乱，如此事与愿违，究竟是什么原因呢？"墨子说："这是因为王公大人治理国家不能做到尊贤使能所致。在一个国家中，如果贤良之士多，那么国家的治绩就大；如果贤良之士少，那么国家的治绩就小。所以王公大人的当务之急，将是如何使贤人增多。"

【原文】 故古者圣王之为政，列德①而尚贤。虽在农与工肆之人②，有能则举之。高予之爵，重予之禄，任之以事，断予之令③。曰：爵位不高，则民弗敬；蓄禄不厚，则民不信；政令不断，则民不畏。举三者授之贤者，非为贤赐也，欲其事之成。(《尚贤上》)

【注释】

① 列德：任用有德之人。

② 农与工肆之人：即从事农业或手工、商业的平民百姓。

③ 断予之令：执掌决断政事之权力。

【译文】 所以古时圣王为政，任德尊贤，即使是从事农业或手工、商业的平民百姓，有能力的就选拔他，给他高爵，给他厚禄，给他任务，给他权力。即是说，如果爵位不高，民众对他就不会敬重；俸禄不厚，民众对他就不信任；如果权力不大，民众对他就不畏惧。拿这三种东西给贤人，并不是对贤人的赏赐，而是希望能把事情办成。

【原文】 天子唯能一同天下之义，是以天下治也。天下之百姓皆上同于天子，而不上同于天，则灾犹未去也。(《尚同上》)

【译文】天子能够有效地统一天下的意见,则天下就能得到很好的治理。当然,天下的老百姓都与天子一致,而不去与天(志)保持一致,那么灾祸还不能彻底除去。

【原文】明乎民之无正长以一同天下之义,而天下乱也,是故选择天下贤良、圣知、辩慧之人,立为天子,使从事乎一同天下之义。(《尚同中》)

【译文】明白了没有领袖人物来统一天下的意见,天下就会大乱的道理,所以人们就选择天下贤良、圣明智慧、聪慧而口才好之人,推举他立为天子,使他承担起统一天下意见的职责。

(四)兼爱与非攻

【原文】今诸侯独知爱其国,不爱人之国,是以不惮举其国,以攻人之国。今家主独知爱其家,而不爱人之家,是以不惮举其家,以篡人之家。今人独知爱其身,不爱人之身,是以不惮举其身,以贼人之身。是故诸侯不相爱,则必野战;家主不相爱,则必相篡;人与人不相爱,则必相贼;君臣不相爱,则不惠忠;父子不相爱,则不慈孝;兄弟不相爱,则不和调。天下之人皆不相爱,强必执弱,富必侮贫,贵必敖①贱,诈必欺愚。凡天下祸篡怨恨,其所以起者,以不相爱生也。是以行②者非之。既以非之,何以易之?子墨子言曰:"以兼相爱、交相利之法易之。"(《兼爱中》)

【注释】

① 敖:通"傲"。

② 行:为"仁"字之误。

【译文】现在的诸侯只知道爱自己的国家,不爱别人的国家,所以毫无忌惮地发动他自己国家的力量,去攻伐别人的国家。现在的家族宗主只知道爱自己的家族,而不爱别人的家族,因而毫无忌惮地发动他自己家族的力量,去掠夺别人的家族。现在的人只知道爱自己,而不爱别人,因而毫无忌惮地运用全身的力量去残害别人。所以诸侯不相爱,就必然发生野战;家族宗主不相爱,就必然相互掠夺;人与人不相爱,就必然相互残害;君与臣不相爱,就必然不相互施惠、效忠;父与子不相爱,就必然不相互慈爱、孝敬;兄与弟不相爱,就必然不相互融洽、协调。天下的人都不相爱,强大的就必然控制弱小的,富足的就必然欺侮贫困的,尊贵的就必然傲视卑贱的,狡猾的就必然欺骗愚笨的。举凡天下祸患、掠夺、埋怨、愤恨产生的原因,都是因不相爱而产生的。所以仁者认为它不对。既已认为不相爱不对,那用什么去改变它呢?墨子说:"用人们彼此相爱、交互得利的方法去改变它。"

【原文】 然则兼相爱、交相利之法将奈何哉?子墨子言:视人之国,若视其国;视人之家,若视其家;视人之身,若视其身。是故诸侯相爱,则不野战;家主相爱,则不相篡;人与人相爱,则不相贼;君臣相爱,则惠忠;父子相爱,则慈孝;兄弟相爱,则和调。天下之人皆相爱,强不执弱,众不劫寡,富不侮贫,贵不敖贱,诈不欺愚。凡天下祸篡怨恨,可使毋起者,以相爱生也。是以仁者誉之。(《兼爱中》)

【译文】 那么人们全都相爱、交互得利应该怎样做呢?墨子说道:"看待别人国家就像自己的国家,看待别人的家族就像自己的家族,看待别人之身就像自己之身。"所以诸侯之间相爱,就不会发生野战;家族宗主之间相爱,就不会发生掠夺;人与人之间相爱就不会相互残害;君臣之间相爱,就会相互施惠、效忠;父子之间相爱,就会相互慈爱、孝敬;兄弟之间相爱,就会相互融洽、协调。天下的人都相爱,强大者就不会控制弱小者,人多者就不会强迫人少者,富足者就不会欺侮贫困者,尊贵者就不会傲视卑贱者,狡诈者就不会欺骗愚笨者。举凡天下的祸患、掠夺、埋怨、愤恨可以不使它产生的原因,是因为相爱而生产的。所以仁者称赞它。

【原文】杀一人,谓之不义,必有一死罪矣。若以此说往,杀十人,十重不义,必有十死罪矣;杀百人,百重不义,必有百死罪矣。当此天下之君子皆知而非之,谓之不义。今至大为不义攻国,则弗知非,从而誉之,谓之义。情不知其不义也,故书其言以遗后世;若知其不义也,夫奚说书其不义以遗后世哉?(《非攻上》)

【译文】杀掉一个人,叫做不义,必定有一项死罪。假如按照这种说法类推,杀掉十个人,有十倍不义,则必然有十重死罪了;杀掉百个人,有百倍不义,则必然有百重死罪了。对这种(罪行),天下的君子都知道指责它,称它不义。现在至于攻伐别人的国家这种大为不义之事,却不知道指责其错误,反而跟着称赞它为义举。他们确实不懂得那是不义的,所以记载那些称赞攻国的话留下给后代。倘若他们知道那是不义的,又有什么理由解释记载这些不义之事,用来留下给后代呢?

【原文】禽滑厘问于子墨子曰:"由圣人之言,凤鸟之不出,诸侯畔①殷周之国,甲兵方起于天下,大攻小,强执弱,吾欲守小国,为之奈何?"子墨子曰:"何攻之守?"禽滑厘对曰:"今之世常所以攻者:临、钩、冲、梯、堙、水、穴、突、空洞、蚁傅、轒辒、轩车,敢问守此十二者奈何?"子墨子曰:"我城池修,守器具,推②粟足,上下相亲,又得四邻诸侯之救,此所以持也。且守者虽善③,则犹若不可以守也。……然则守者必善而君尊用之,然后可以守也。凡守围城之法,厚以高;壕池深以广;楼撕揗④,守备缮利;薪食足以支三月以上;人众以选;吏民和;大臣有功劳于上者,多主信以义,万民乐之无穷;不然,父母坟墓在焉;不然,山林草泽之饶足利;不然,地形之难攻而易守也;不然,则有深怨于适⑤而有大功于上;不然,则赏明可信而罚严足畏也。此十四者具,则民亦不宜上矣,然后城可守。十四者无一,则虽善者不能守矣。"(《备城门》)

【注释】

① 畔:通"叛"。

② 推:应作"櫵"。

③ 且守者虽善:下应加"而君不用之"五字。

④ 撕揹:应作"楫修",修缮之意。

⑤ 适:通"敌"。

【译文】禽滑厘请教墨子:"从圣人的说法来看,现在凤鸟没有出现,诸侯背叛周天子,天下兵争方起,大国攻打小国,强国攻打弱国。我打算为小国防守,应如何做呢?"墨子说:"防御什么样的进攻呢?"禽滑厘回答说:"现在世上常用的进攻方法有:筑山临攻、钩梯爬城、冲车攻城、云梯攻城、填塞城沟、决水淹城、隧道攻城、穿突城墙、城墙打洞、集群攻城、使用蒙上牛皮的四轮车以及使用高筝的轩车攻城等。这12种攻城方式应如何防守呢?"墨子说:"我方城池修固,守城器具备好,柴禾粮草充足,上下相亲,又能得到四邻诸侯的救援,这就是用来长久守御的基本条件。但守城的人虽有如此能力,国君却不信任他,那么仍然无济于事。……因此,守城之人必须有能力,而国君又信任他,这才可以防守得住。"

守城的方法总体上有:加厚加高(城墙),浚深浚宽濠沟,望敌之楼勤加修缮,防守器械保证精良,粮食柴草足以支持三月以上,防守人员众多且精挑细选,官民和睦,臣效死力,君讲信义,庶民衣食无忧。再加上:父母的坟墓就在这里;具备富饶的山林草泽;地形难攻易守;(守者)对敌人有深仇大恨而对君主有大功;奖赏明确可信,惩罚严厉可怕。这14个条件具备,那么民众就不会怀疑君主,如此城池方可固若金汤。这14个条件一个没有,那么即使防守的人再善于防守也无济于事。

(五) 天志与明鬼

【原文】然则天亦何欲何恶?天欲义而恶不义。然则率天下之百姓,以从事于义,则我乃为天之所欲也。我为天之所欲,天亦为我所欲。然则我何欲何恶?我欲福禄而恶祸祟。若我不为天之所欲,而为天之所不欲,然则我率天下之百姓,以从事于祸祟中也。然则何以知天之欲义而恶不义?曰:天下有义则生,无义则死;有义则富,无义则贫;有义则治,无义则乱。然则天欲其生而恶其死,欲其富而恶其贫,欲其治而恶其乱。此我所以知天欲义而恶不义也。(《天志上》)

【译文】既然如此,那么上天究竟喜爱什么厌恶什么呢?上天爱好义而憎恶不义。既然如此,那么(君主)就当率领天下的百姓,去做合乎义的事,这就是我们在做上天所希望的事了。我们做上天所希望的事,那么上天就会做我们所希望的事。那么我们又爱好什么、憎恶什么呢?我们喜欢福禄而厌恶祸患,如果我们不做上天所喜欢的事,那么就是我们带着天下的百姓,陷身于祸患灾殃中去了。那么怎么知道上天喜爱义而憎恶不义呢?答案是:天下之事,有义则存,无义则亡;有义则富有,无义则贫穷;有义则治理,无义则混乱。既然如此,那么结论就是:上天希望人类孳生而厌恶他们死亡,希望人类富有而厌恶他们贫穷,希望人类治理而厌恶他们混乱。这就是我知道上天爱好义而憎恶不义的原因。

【原文】今天下之士君子,皆明于天子之正天下也,而不明于天之正天子也。是故古者圣人明以此说人,曰:"天子有善,天能赏之;天子有过,天能罚之。"(《天志下》)

【译文】现在天下的士君子对于天子匡正天下都很明白,但对上天匡正天子却不明白。所以古代的圣人明白地将此道理告诉人们,说:"天子有善,天能赏他;天子有过,天能罚他。"

【原文】且天之爱百姓也,不尽物而止矣。今天下之国,粒食之民,杀一不辜者,必有一不祥。曰:"谁杀不辜?"曰:"人也。""孰予之不辜?"曰:"天也。"若天之中实不爱此民也,何故而人有杀不辜、而天予之不祥哉?且天之爱百姓厚矣,天之爱百姓别矣,既可得而知也。(《天志下》)

【译文】而且上天爱护百姓,不仅此而已。现在天下所有的国家,无论是谁,只要杀了无辜之人,必定遭致不祥之报。那么是谁杀无辜之人呢?答案是:"是人。"而施以不祥之报的主体又是谁呢?答案是:"天。"假若上天不是由衷爱护这些百姓,那为什么在人杀了无辜之后,天要惩之以不祥呢?而且上天对百姓的爱护之情是相当厚重且普遍的,这是显而易见的。

【原文】故鬼神之明,不可为幽间广泽,山林深谷,鬼神之明必知之。鬼神之罚,不可为富贵众强,勇力强武,坚甲利兵,鬼神之罚必胜之。(《明鬼下》)

【译文】所以对鬼神之明而言,任何人都不可仗着自己身处幽僻之地、广袤森林或峻深谷隙之内(而心存侥幸),以鬼神之明彻神通一定能洞知他的所作所为。对鬼神之罚,任何人也不可仗着富贵、人多势大、勇猛顽强、坚甲利兵(而逃脱),鬼神之罚必能战胜他。

（六）非命与尚力

【原文】子墨子言曰：执有命者①以杂于民间者众。执有命者之言曰："命富则富，命贫则贫；命众则众，命寡则寡；命治则治，命乱则乱；命寿则寿，命夭则夭；命②虽强劲，何益哉？"以上说王公大人，下以驵③百姓之从事，故执有命者不仁。故当执有命者之言，不可不明辨。（《非命上》）

【注释】

① 执有命者：即持命定思想之人。

② 此处"命"字当为"刀"字之误。

③ 驵：同"阻"。

【译文】持命定论思想的人认为："命里富贵则必然富贵，命里贫困则必然贫困，命里人口众多则必然人口众多，命里人口少则必然人口少，命里治理得好则必然治理得好，命里混乱则必然混乱，命里长寿则必然长寿，命里短命则必然短命，虽然使出很强的力气，又能有什么用呢？"用这些话对上游说王公大人，对下妨碍百姓的劳作。可见，持命定论思想的人是不仁义的。所以对持命定论思想的人的话，不能不明加辨析。

【原文】执有命者言曰：上之所罚，命固且罚，不暴故罚也；上之所赏，命固且赏，非贤故赏也。以此为君则不义，为臣则不忠，为父则不慈，为子则不孝，为兄则不良，为弟则不弟。而强执此者，此特凶言之所自生，而暴人之道也！（《非命上》）

【译文】持命定论思想的人说：上司所惩罚是命里本来就该惩罚，不是因为他凶暴才受到惩罚的；上司所奖赏，是命里本来该奖赏，不是因为贤良才受到奖赏的。认同了这些话，做国君则不义，做臣下则不忠,做父亲则不慈爱,做儿子则不孝顺,做兄长则不良,做弟弟则不悌。如果顽固主张这种观点,则简直是凶邪之言的源头,是戕害忠良的歧途。

【原文】赖其力者生,不赖其力者不生。君子不强听治,即刑政乱;贱人不强从事,即财用不足。(《非乐上》)

【译文】依靠自己的力量去努力做事,才能生存,不依靠自己的力量,就不能生存。君子不努力听狱治国,刑罚政令就要混乱;小民不努力生产劳作,财用就会不足。

五　延伸阅读书目

1. 谭戒甫:《墨辩发微》,中华书局 1964 年版。
2. 郭沫若:《十批判书》,人民出版社 1954 年版。
3. 詹剑峰:《墨子哲学与科学》,人民出版社 1981 年版。
4. 方授楚:《墨学源流》,中华书局、上海书店联合版 1989 年版。
5. 杜石然:《中国古代科学家传记》上集,科学出版社 1992 年版。
6. 吴龙辉等:《墨子白话今译》,中国书店 1992 年版。
7. 邢兆良:《墨子评传》,南京大学出版社 1993 年版。
8. 孙中原:《墨者的智慧》,三联书店 1995 年版。
9. 张永义:《墨子与中国文化》,贵州人民出版社 2001 年版。
10. 秦彦士:《墨子考论》,巴蜀书社 2002 年版。
11. 郑杰文:《中国墨学通史》,人民出版社 2006 年版。